地主・賃貸経営者のための
相続対策チェックポイント45

TOMAコンサルタンツグループ 編著

税務研究会出版局

はじめに

　皆様もご存じのとおり相続税は、平成27年1月から基礎控除の引き下げ、最高税率の引き上げ等、大きな改正がありました。不動産オーナーの方は、固定資産税、所得税、消費税、相続税と、既に多額の納税をされているにもかかわらず、さらに相続税の負担が増した方も多いことと思います。

　実際に、相続税の申告時、お持ちの財産のうち不動産が占める割合が多い地主、賃貸経営者におきましては、納税資金を現金で準備することが出来ず、お持ちの財産を手離さなければならなくなったケースも多くあります。また、相続が発生する度に不動産を一つずつ手離しているという話も多々耳にします。お持ちの不動産をどのように活用しているかによっても、財産評価の方法が変わってくるため、相続税にも大きく影響する場合があります。

　本書は、このような不動産オーナーの相続対策を多数経験しているTOMAコンサルタンツグループが、皆様のお悩みを解決すべく、相続対策として、あるいは相続が発生した後に検討すべき事項について、今から出来る対策をステージ別にまとめました。

　具体的には、既に相続が発生した方、相続発生が2、3年以内にあると予想される方、相続発生が3年以上先であると予想される方の別に、検討事項をあげています。相続税だけでなく、不動産オーナーに関わる、所得税、消費税、不動産取得税、固定資産税についても対策をあげています。

　最後に、本書をお手にとって下さいました皆様の相続対策のお役に立つことができれば幸いです。

　平成27年4月

TOMAコンサルタンツグループ
（東京／シンガポール（アジア統括）／アメリカ）

TOMAコンサルタンツグループ(株)
TOMA税理士法人　　　　　　TOMA財務コンサルタンツ(株)
TOMA社会保険労務士法人　　TOMA人事コンサルタンツ(株)
TOMA監査法人　　　　　　　TOMA事業承継コンサルタンツ(株)
TOMA行政書士法人　　　　　TOMA医療コンサルタンツ(株)
藤間司法書士法人　　　　　　TOMA　M&Aセンター
　　　　　　　　　　　　　　TOMA相続相談センター

代表取締役　理事長　藤　間　秋　男
（公認会計士・税理士・中小企業診断士・行政書士）

この本の特徴は、「チェックリスト」を中心として、

① いわゆる入門書として、一般の方々に読んでいただけるように、できるだけ専門用語は使わずに、わかりやすく書いてあります。
② 一項目について、基本的に見開きで完結しており、わかりやすい解説も加えてあります。
③ 第1部では相続税の基本的な考え方、第2部では時系列をＡＢＣのステージに分け、それぞれの時期に沿った相続税対策を解説、第3部では所得税、消費税などの税目別に相続税との接点を解説しています。

凡　例

相法　……相続税法	措基通……租税特別措置法関係通達
相令　……相続税法施行令	消法　……消費税法
相規　……相続税法施行規則	消基通……消費税法基本通達
相基通……相続税法基本通達	地令　……地方税法施行令
措法　……租税特別措置法	評基通……財産評価基本通達

目　次

第❶部　相続税の基本的な考え方

1　平成27年1月からの税制改正の概要……………………………………… 2
2　『相続』対策の基本的考え方 ………………………………………………… 12

第❷部　ステージ別で考える相続税対策ABC

ステージA　既に相続が発生し、検討すべき事項

No.	具体的対策	頁数
3	借金が財産より多い、又は借金の全容が不明な場合の相続放棄と限定承認の検討	16
4	配偶者自身の財産の把握と二次相続を見据えた遺産分割の検討	20
5	不動産の分割取得による評価下げの検討	26
6	相続した不動産を売却する場合の売却時期の検討	32
7	広大地評価が採用できないかの検討	38
8	遺産分割が相続税の申告期限までにまとまらない場合のデメリット	42
9	納税資金捻出の為の会社への自己株式売却を検討	50

ステージB　相続発生が2～3年以内にあると予想され、検討すべき事項

No.	具体的対策	頁数
10	不動産とひも付き借入金を合わせて贈与する場合の注意事項	56
11	税務調査で名義預金と指摘されないための状況整備の確認	58
12	空室アパートの入居率UPを検討	62
13	養子縁組の検討	66
14	小規模宅地の特例を効果的に適用できるのかの検討	70
15	墓地やお墓、仏壇の事前購入の検討	76
16	売却予定地や隣地との境界が不明な土地を生前に測量する	80
17	相続人に該当しない孫などへの暦年贈与の検討	84
18	自宅や所有不動産の修繕を検討	88
19	連れ子がいる場合に戸籍上の子となっているかの確認	94

ステージC　相続発生が3年以上先と予想され、検討すべき事項

区分	No.	具体的対策	頁数
①生前贈与	20	30歳未満の子や孫への教育資金贈与	98
	21	住宅取得用資金のかけこみ贈与を検討	104
	22	贈与税の配偶者控除への贈与の活用	112
	23	毎年の暦年贈与額の再検討	114
	24	相続時精算課税贈与で高利回り物件の贈与の検討	120
	25	相続人を契約者とする保険に加入して保険料贈与を検討	124
	26	上場株式の譲渡損と非上場株式の譲渡益を通算して株式の譲渡所得税を節税	128
②不動産管理会社	27	不動産管理会社の活用	130
③土地・建物	28	所有する土地のABC分析	142
	29	物納予定候補地の選定・整備	146
	30	貸アパートと隣接する貸駐車場の契約内容の見直し	152
	31	自己資金で賃貸物件の購入を検討	156
④その他	32	生命保険金の非課税枠の活用検討	160
	33	死亡退職金の非課税枠の活用検討	166
	34	公正証書遺言書作成の検討	170
	35	会社貸付金の株式転換（DES）を検討	176

第❸部　税金別に考える節税対策

①所得税

No.	具体的対策	頁数
36	小規模企業共済への加入	180
37	個人型確定拠出年金への加入を検討	184
38	青色事業専従者給与の支給を検討	188
39	減価償却方法の変更による節税効果（定額法から定率法へ）	192
40	確定申告で65万円の特別控除を適用するには	196

②消費税

No.	具体的対策	頁数
41	簡易課税制度を適用できないかの検討	204
42	簡易課税制度で水道光熱費が実費精算である場合の申告内容の再確認	210
43	事業用建物を建築する場合の消費税還付の検討	212

③不動産取得税

No.	具体的対策	頁数
44	賃貸物件を建築する場合、1,200万円控除が適用できる床面積となっているか検討	216

④固定資産税

No.	具体的対策	頁数
45	固定資産税の住宅用地の特例措置の通用の検討	220

第 1 部

相続税の基本的考え方

1　平成27年1月からの税制改正の概要

　バブル後の地価の大幅な下落、格差の固定化の防止等の観点から、相続税が大幅に改正されました。この改正は、平成27年1月1日以後に開始された相続・遺贈について適用されます。

基礎控除の引き下げ

　相続税は、被相続人（亡くなった人）から相続・遺贈により取得した財産の合計額が、基礎控除額を超える場合に発生します。
　この基礎控除額が改正により引き下げられることとなります。

基礎控除額

5,000万円＋1,000万円　　　　　　　　　3,000万円＋600万円
　　×法定相続人の数　　　　　　　　　　　×法定相続人の数

税率構造

　相続税は、相続・遺贈により取得する財産の価額により税率が決められています。各法定相続人（民法により定められている相続人）の取得した財産の金額（基礎控除額を控除した金額）を、一旦法定相続分で相続したものとして按分した金額に、各法定相続人のそれぞれが該当する税率等により計算します。
　この相続税の税率構造が変更されます。具体的には、取得した財産の金額が2億円超3億円以下である場合、40％から45％へ、取得した財産の金額が6億円超の場合、50％から55％へと引き上げられました。

平成27年1月からの税制改正の概要

各法定相続人の取得した財産金額	改正前　税率	改正後　税率
～1,000万円以下	10%	10%
1,000万円超～3,000万円以下	15%	15%
3,000万円超～5,000万円以下	20%	20%
5,000万円超～1億円以下	30%	30%
1億円超～2億円以下	40%	40%
2億円超～3億円以下	40%	45%
3億円超～6億円以下	50%	50%
6億円超～	50%	55%

税額控除

　相続人が未成年者である場合は、20歳に達するまでの教育費を遺産から控除するという観点から、相続人が障害者である場合には、生活費等の必要資金が通常より多くかかるという事情を考慮して、一定の控除が設けられています。
　この控除額が引き上げられます。

未成年者控除

改正前
20歳までの1年につき**6万円**

改正後
20歳までの1年につき**10万円**

障害者控除

改正前
85歳までの1年につき**6万円**

改正後
85歳までの1年につき**10万円**

相続税額

●相続人が配偶者と子のケース

基礎控除前の相続財産額	配偶者と子1人 基礎控除額 7,000万円				配偶者と子2人 基礎控除額 8,000万円				配偶者と子3人 基礎控除額 9,000万円			
	相続税の総額	実質税率	配偶者控除後	実質税率	相続税の総額	実質税率	配偶者控除後	実質税率	相続税の総額	実質税率	配偶者控除後	実質税率
万円	万円	%	万円	%	万円	%	万円	%	万円	%	万円	%
5,000	0	0.00	0	0.00	0	0.00	0	0.00	0	0.00	0	0.00
10,000	350	3.50	175	1.75	200	2.00	100	1.00	100	1.00	50	0.50
15,000	1,200	8.00	600	4.00	925	6.16	463	3.08	700	4.66	350	2.33
20,000	2,500	12.50	1,250	6.25	1,900	9.50	950	4.75	1,625	8.12	813	4.06
25,000	4,000	16.00	2,000	8.00	3,150	12.60	1,575	6.30	2,750	11.00	1,375	5.50
30,000	5,800	19.33	2,900	9.66	4,600	15.33	2,300	7.66	4,000	13.33	2,000	6.66
35,000	7,800	22.28	3,900	11.14	6,350	18.14	3,175	9.07	5,500	15.71	2,750	7.85
40,000	9,800	24.50	4,900	12.25	8,100	20.25	4,050	10.12	7,050	17.62	3,525	8.81
45,000	11,800	26.22	5,900	13.11	9,850	21.88	4,925	10.94	8,800	19.55	4,400	9.77
50,000	13,800	27.60	6,900	13.80	11,700	23.40	5,850	11.70	10,550	21.10	5,275	10.55
55,000	15,800	28.72	7,900	14.36	13,700	24.90	6,850	12.45	12,300	22.36	6,150	11.18
60,000	17,800	29.66	8,900	14.83	15,700	26.16	7,850	13.08	14,050	23.41	7,025	11.70
65,000	19,800	30.46	9,900	15.23	17,700	27.23	8,850	13.61	15,800	24.30	7,900	12.15
70,000	22,100	31.57	11,050	15.78	19,800	28.28	9,900	14.14	17,650	25.21	8,825	12.60
75,000	24,600	32.80	12,300	16.40	22,050	29.40	11,025	14.70	19,900	26.53	9,950	13.26
80,000	27,100	33.87	13,550	16.93	24,300	30.37	12,150	15.18	22,150	27.68	11,075	13.84
85,000	29,600	34.82	14,800	17.41	26,550	31.23	13,275	15.61	24,400	28.70	12,200	14.35
90,000	32,100	35.66	16,050	17.83	28,800	32.00	14,400	16.00	26,650	29.61	13,325	14.80
95,000	34,600	36.42	17,300	18.21	31,050	32.68	15,525	16.34	28,900	30.42	14,450	15.21

※ 配偶者は法定相続分である2分の1を相続したものとして配偶者控除額を計算しています。

平成27年1月からの税制改正の概要

早見表　　平27.1.1前

●相続人が子のみのケース

基礎控除前の相続財産額	子1人 基礎控除額 6,000万円				子2人 基礎控除額 7,000万円				子3人 基礎控除額 8,000万円			
	相続税の総額	実質税率	配偶者控除後	実質税率	相続税の総額	実質税率	配偶者控除後	実質税率	相続税の総額	実質税率	配偶者控除後	実質税率
万円	万円	%	万円	%	万円	%	万円	%	万円	%	万円	%
5,000	0	0.00			0	0.00			0	0.00		
10,000	600	6.00			350	3.50			200	2.00		
15,000	2,000	13.33			1,200	8.00			900	6.00		
20,000	3,900	19.50			2,500	12.50			1,800	9.00		
25,000	5,900	23.60			4,000	16.00			3,000	12.00		
30,000	7,900	26.33			5,800	19.33			4,500	15.00		
35,000	9,900	28.28			7,800	22.28			6,000	17.14		
40,000	12,300	30.75			9,800	24.50			7,700	19.25		
45,000	14,800	32.88			11,800	26.22			9,700	21.55		
50,000	17,300	34.60			13,800	27.60			11,700	23.40		
55,000	19,800	36.00			15,800	28.72			13,700	24.90		
60,000	22,300	37.16			17,800	29.66			15,700	26.16		
65,000	24,800	38.15			19,800	30.46			17,700	27.23		
70,000	27,300	39.00			22,100	31.57			19,700	28.14		
75,000	29,800	39.73			24,600	32.80			21,700	28.93		
80,000	32,300	40.37			27,100	33.87			23,700	29.62		
85,000	34,800	40.94			29,600	34.82			25,700	30.23		
90,000	37,300	41.44			32,100	35.66			27,700	30.77		
95,000	39,800	41.89			34,600	36.42			29,700	31.26		

※　税制適応日：平15.1.1以後の相続開始

第❶部 相続税の基本的考え方

相 続 税 額

● 相続人が配偶者と子のケース

基礎控除前の相続財産額	配偶者と子1人 基礎控除額 4,200万円				配偶者と子2人 基礎控除額 4,800万円				配偶者と子3人 基礎控除額 5,400万円			
	相続税の総額	実質税率	配偶者控除後	実質税率	相続税の総額	実質税率	配偶者控除後	実質税率	相続税の総額	実質税率	配偶者控除後	実質税率
万円	万円	%	万円	%	万円	%	万円	%	万円	%	万円	%
5,000	80	1.60	40	0.80	20	0.40	10	0.20	0	0.00	0	0.00
10,000	770	7.70	385	3.85	630	6.30	315	3.15	525	5.25	263	2.63
15,000	1,840	12.26	920	6.13	1,495	9.96	748	4.98	1,330	8.86	665	4.43
20,000	3,340	16.70	1,670	8.35	2,700	13.50	1,350	6.75	2,435	12.17	1,218	6.09
25,000	4,920	19.68	2,460	9.84	3,970	15.88	1,985	7.94	3,600	14.40	1,800	7.20
30,000	6,920	23.06	3,460	11.53	5,720	19.06	2,860	9.53	5,080	16.93	2,540	8.46
35,000	8,920	25.48	4,460	12.74	7,470	21.34	3,735	10.67	6,580	18.80	3,290	9.40
40,000	10,920	27.30	5,460	13.65	9,220	23.05	4,610	11.52	8,310	20.77	4,155	10.38
45,000	12,960	28.80	6,480	14.40	10,985	24.41	5,493	12.20	10,060	22.35	5,030	11.17
50,000	15,210	30.42	7,605	15.21	13,110	26.22	6,555	13.11	11,925	23.85	5,963	11.92
55,000	17,460	31.74	8,730	15.87	15,235	27.70	7,618	13.85	13,800	25.09	6,900	12.54
60,000	19,710	32.85	9,855	16.42	17,360	28.93	8,680	14.46	15,675	26.12	7,838	13.06
65,000	22,000	33.84	11,000	16.92	19,490	29.98	9,745	14.99	17,550	27.00	8,775	13.50
70,000	24,500	35.00	12,250	17.50	21,740	31.05	10,870	15.52	19,770	28.24	9,885	14.12
75,000	27,000	36.00	13,500	18.00	23,990	31.98	11,995	15.99	22,020	29.36	11,010	14.68
80,000	29,500	36.87	14,750	18.43	26,240	32.80	13,120	16.40	24,270	30.33	12,135	15.16
85,000	32,000	37.64	16,000	18.82	28,495	33.52	14,248	16.76	26,520	31.20	13,260	15.60
90,000	34,500	38.33	17,250	19.16	30,870	34.30	15,435	17.15	28,770	31.96	14,385	15.98
95,000	37,000	38.94	18,500	19.47	33,245	34.99	16,623	17.49	31,020	32.65	15,510	16.32

※ 配偶者は法定相続分である2分の1を相続したものとして配偶者控除額を計算しています。

平成27年1月からの税制改正の概要

早 見 表　　平27.1.1以後

●相続人が子のみのケース

基礎控除前の相続財産額	子1人 基礎控除額 3,600万円				子2人 基礎控除額 4,200万円				子3人 基礎控除額 4,800万円			
	相続税の総額	実質税率	配偶者控除後	実質税率	相続税の総額	実質税率	配偶者控除後	実質税率	相続税の総額	実質税率	配偶者控除後	実質税率
万円	万円	%	万円	%	万円	%	万円	%	万円	%	万円	%
5,000	160	3.20			80	1.60			20	0.40		
10,000	1,220	12.20			770	7.70			630	6.30		
15,000	2,860	19.06			1,840	12.26			1,440	9.60		
20,000	4,860	24.30			3,340	16.70			2,450	12.25		
25,000	6,930	27.72			4,920	19.68			3,960	15.84		
30,000	9,180	30.60			6,920	23.06			5,460	18.20		
35,000	11,500	32.85			8,920	25.48			6,980	19.94		
40,000	14,000	35.00			10,920	27.30			8,980	22.45		
45,000	16,500	36.66			12,960	28.80			10,980	24.40		
50,000	19,000	38.00			15,210	30.42			12,980	25.96		
55,000	21,500	39.09			17,460	31.74			14,980	27.23		
60,000	24,000	40.00			19,710	32.85			16,980	28.30		
65,000	26,570	40.87			22,000	33.84			18,990	29.21		
70,000	29,320	41.88			24,500	35.00			21,240	30.34		
75,000	32,070	42.76			27,000	36.00			23,490	31.32		
80,000	34,820	43.52			29,500	36.87			25,740	32.17		
85,000	37,570	44.20			32,000	37.64			27,990	32.92		
90,000	40,320	44.80			34,500	38.33			30,240	33.60		
95,000	43,070	45.33			37,000	38.94			32,500	34.21		

※　税制適応日：平27.1.1以後の相続又は遺贈

贈 与 税 額 早 見 表

平27.1.1前の贈与税早見表			平27.1.1以後の贈与税早見表					
				20歳以上の者が直系尊属から贈与を受けた場合 || 左記以外			
贈与金額	税 額	実質贈与	贈与金額	税 額	実質贈与	税 額	実質贈与
万円	万円	%	万円	万円	%	万円	%
100	0	0.0	100	0	0.0	0	0.0
150	4	2.7	150	4	2.7	4	2.7
200	9	4.5	200	9	4.5	9	4.5
250	14	5.6	250	14	5.6	14	5.6
300	19	6.3	300	19	6.3	19	6.3
350	26	7.4	350	26	7.4	26	7.4
400	34	8.5	400	34	8.5	34	8.5
450	43	9.6	450	41	9.1	43	9.6
500	53	10.6	500	49	9.8	53	10.6
550	67	12.2	550	58	10.5	67	12.2
600	82	13.7	600	68	11.3	82	13.7
650	97	14.9	650	78	12.0	97	14.9
700	112	16.0	700	88	12.6	112	16.0
750	131	17.5	750	102	13.6	131	17.5
800	151	18.9	800	117	14.6	151	18.9
850	171	20.1	850	132	15.5	171	20.1
900	191	21.2	900	147	16.3	191	21.2
950	211	22.2	950	162	17.1	211	22.2
1,000	231	23.1	1,000	177	17.7	231	23.1
1,500	470	31.3	1,500	366	24.4	451	30.1
2,000	720	36.0	2,000	586	29.3	695	34.8
2,500	970	38.8	2,500	811	32.4	945	37.8
3,000	1,220	40.7	3,000	1,036	34.5	1,195	39.8
4,000	1,720	43.0	4,000	1,530	38.3	1,740	43.5
5,000	2,220	44.4	5,000	2,050	41.0	2,290	45.8
6,000	2,720	45.3	6,000	2,600	43.3	2,840	47.3
7,000	3,220	46.0	7,000	3,150	45.0	3,390	48.4
8,000	3,720	46.5	8,000	3,700	46.3	3,940	49.3
9,000	4,220	46.9	9,000	4,250	47.2	4,490	49.9
10,000	4,720	47.2	10,000	4,800	48.0	5,040	50.4
12,000	5,720	47.7	12,000	5,900	49.2	6,140	51.2
15,000	7,220	48.1	15,000	7,550	50.3	7,790	51.9

小規模宅地等の特例

相続人の居住や事業の承継に配慮する観点から、自宅や事業用の宅地については、一定の要件の下、限度面積までについては、評価額から一定の割合を控除するという特例（小規模宅地等の特例）があります。

この特例について、限度面積が拡大されました。具体的には、居住用の宅地については限度面積が、240㎡から330㎡に拡大されます。さらに、居住用の宅地と特定の事業用の宅地につき特例を適用する場合の限度面積が、合計400㎡から各限度面積までそれぞれに適用できることとなりました。

相続時精算課税制度

相続時精算課税制度は、2,500万円までの贈与については非課税（2,500万円を超える部分については税率20％により課税）とし、贈与した人が亡くなられた時に、贈与された財産を相続財産に合算して相続税を計算する制度です。

この相続税清算課税制度の対象者が緩和されます。

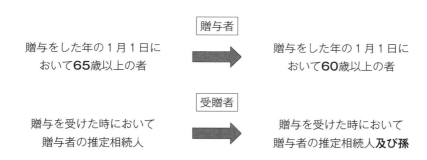

事業承継税制

非上場会社の承継が円滑に行われるよう、非上場株式等について相続税の納税を猶予できる制度があります。この制度を摘要するためには、一定の要件を満たす必要があります。この要件について、1．摘要要件の緩和、2．負担の軽減、3．手続きの簡素化等の見直しが行われます。

1．雇用確保要件の緩和

雇用確保要件の緩和

猶予の継続を行うためには雇用確保の要件がありますが、この要件につき緩和されました。

毎年8割以上　→　**5年間平均で**8割以上

後継者の親族間承継要件の廃止

摘要するためには親族間での承継が必要でしたが、この要件につき緩和されました。

5,000万円＋1,000万円×法定相続人の数　→　親族に限らない

役員退任要件の緩和（贈与税）

先代経営者につき役員の退任が必要でしたが、この要件につき緩和されました。

役員の退任　→　有給役員として残留が可能

2．負担の軽減

利子税の負担軽減

　納税猶予期間に係る利子税の引き下げ（平成26年1月1日より、年2.1％から0.9％へ引き下げ）があります。
納税猶予期間が5年を超える場合には、5年間の利子税が免除されます。

事業再生による納税猶予税額の一部免除

　事業再生（民事再生計画等による。）を行う場合には、納税猶予税額の一部を免除する措置が創設されました。

債務の控除方式の変更

　債務の相続があった場合、被相続人である先代経営者の個人債務等を株式以外の相続財産から控除することが可能となります。

3．手続きの簡素化等

　この制度の摘要を受けるための手続きについて、事前確認制度が廃止（平成25年4月1日～）され、提出書類についても簡略化されました。

　その他、一定の株券不発行会社でも摘要が可能になるなどの措置がとられ、この制度が使いやすくなります。

2 『相続』対策の基本的考え方

■ 相続対策の留意点

　相続は一生のうちに何回も経験するものではありません。自分の財産を子孫に相続するとなったら、それは一回きりの大事業です。失敗したくない。配偶者や子に負担をかけたくない。相続税は払いたくないので、なんとか節税したい。そう思って、相続対策を講じるのが人情です。ところが、そう簡単にいかないのが相続対策の難しいところです。

　相続人が負担する相続税を減らす事ばかりに気をとられると、思わぬ落とし穴に足を取られることになるでしょう。相続低策は節税対策だけでは不十分であることに十分留意してください。

■ バランス重視の相続対策

　それでは、何に注意して相続対策を進めたらよいのでしょうか。相続対策は、
① 「争族対策」
② 「納税資金対策」
③ 「相続税対策」
の３つの対策から成り立っています。これら３つの対策を三位一体で考えることが重要になるのです。また、３つの対策のうち、最も重要なものは①の「争族対策」で、次が②の「納税資金対策」、これに加えて③の「相続税対策」を行うというのが、相続対策の基本的なスタイルになっています。

　「相続対策といえば節税対策」だと言われる節税対策は、３つの対策のうち、「相続税対策」に当たり、これは３番目の重要度です。３つのうち最も重要度が低い１つにのみ注力して、他を疎かにしてしまえば失敗するのは当たり前です。

　相続対策は上で掲げた３つの対策をバランスよく行うことが成功するための条件です。

争族対策

　では、3つの相続対策のうち、最も重要な「争族対策」とは、何なのでしょうか。「争族」とは、相続人が遺産争いを行うことを意味する造語です。相続といえば、残された財産をめぐって親戚縁者が骨肉の争いをするといったネガティブなイメージを抱く人も多いと思いますが、まさにそういった争いを争族と言います。子孫のために残した財産が、子孫の間にトラブルを生じさせることは本末転倒です。そういった事態を避けるための対策が「争族対策」であり、相続対策の中で最も重要です。

　「争族対策」の具体的な手法としては、遺言書の作成や、遺産分割をしやすいように生前に財産を分割または換金しておくなどがあります。

納税資金対策

　「納税資金対策」とは、相続税の納税を行うための資金を準備するための対策を言います。相続税に限らず税金は、現金で納めるのが基本です。しかし、相続財産のほとんどが土地や建物であり、相続財産に占める現預金の割合は25％程度[※1]と言われています。これに対して、相続税が超過累進課税であり、適用される限界税率が30％から50％であるケースも多くあるため、一時に相続税を払えないと言う事態にもなりかねません。

　「納税資金対策」の具体的な手法としては、生命保険の活用などがありますが、詳しくは次章以降で説明します。

　　※1　国税庁ＨＰ「平成25年分の相続税の申告状況について」

相続税対策

　「相続税対策」は、納付すべき相続税をいかに安くするかの節税対策を指します。とにかく税金は払いたくないし、払うならできるだけ少なくしたいと言うのが人情です。それ故に、相続対策といえば、とにかく税金を安くする、節税対策を重視してしまいます。

しかし、税制改正は毎年行われるものですから、現在効果的である対策も法改正によりその効果が大きく減殺されることも予想されるのです。そのため、節税対策ばかりを重視した相続対策は危険が多いのです。

■まとめ■

相続対策を成功させるには、相続人の家族構成や、相続財産の内容などを個別具体的に整理し、検証することで、それぞれのおかれている状況に適した相続対策を考えることに他ありません。

相続人それぞれの言い分を良く聴き、どの財産を誰が承継し、どのように相続税を納めるか。それらは、一朝一夕にできるものではなく、長い時間をかけてじっくりと作っていかなければならないものです。

本書において、次章からは個別具体的な相続対策の手法を紹介いたしますが、これらを参考にして、自らの状況にあった相続対策を考えてください。

最後に、相続対策は、
「節税対策より、家族の幸せを中心に考える。」
という言葉を常に念頭に、相続について考えていただければ、幸いです。

第2部

ステージ別で考える相続対策ABC

> ステージAは、すでに相続が発生している場合。
> ステージBは、2～3年以内に相続発生があると予想される場合。
> ステージCは、相続発生が3年以上先であると予想される場合。
> 3つのステージに分類し、置かれている状況に応じて検討すべきポイントをまとめました。

ステージA　既に相続が発生し、検討すべき事項

ステージA

3　借金が財産より多い、又は借金の全容が不明な場合の相続放棄と限定承認の検討

概　要

　実は、相続する財産は不動産や預貯金などのプラスの財産ばかりではありません。亡くなった人に借金や未払いの税金などのマイナスの財産があれば、それも相続しなければなりません。プラスのものだけもらう、というわけにはいかないのです。

　もちろん、財産を相続するかしないかは、相続人自身が判断できますが、借金を含めた財産を引継ぐか否かは、相続が開始してから3ヶ月以内に決定しなければなりません。まずはこの期間内に、亡くなった人にどんな財産があるのか慎重に調査する必要があります。

具体的内容

1．相続の承認——「単純承認」と「限定承認」

　何もせずに3ヶ月が過ぎた場合、借金も含めた財産をすべて無条件に引継ぐこととなります。これを「単純承認」(民法920、921)といいます。単純承認には特別な手続きはいりません。

　また、亡くなった人にどのくらいの借金があるのかよく分からない場合、亡くなった人のプラスの財産の範囲以内でのみマイナスの財産を引継ぐ「限定承認」(民法922～937)という方法もあります。この方法を選択する時は、家庭裁判所への手続きが必要です。残ったプラスの財産があればそれを引継ぎ、マ

イナスが残る場合はその支払いをする必要がなくなります。ただし、この方法は相続人全員が選択する必要があり、相続放棄に比べ手続きも極めて複雑で面倒なため、実際はあまり使われていません。

２．相続の権利を放棄することもできる

　マイナスの財産がプラスの財産より多い時はどうすればよいか？こんな場合には「相続しない」という選択もできます。もちろん、この選択をすればプラスの財産も一切受け取れません。これを「相続放棄」（民法938 ～ 940）といい、相続開始後３ヶ月以内に家庭裁判所への一定の手続きを行う必要があります。相続放棄は各相続人が単独で行うことができます。

　なお、限定承認や相続放棄の選択をする前に財産を売却したりすると単純承認をしたと見なされてしまうので、財産には勝手に手をつけたりしないように気を付ける必要があります。

　相続人が困ることがないように、どんな財産があるのか、どのくらい借金などの債務があるのか、生前からしっかりコミュニケーションを取り、財産評価を行っておくことが大事です。

３．連帯保証にご注意

　亡くなった人が連帯保証人になっていた場合、その連帯保証人としての地位も相続されます。つまり、相続人が連帯保証人となってしまうのです。また、連帯保証は遺言や相続人間の合意と関係なく法定相続分で相続されます。そのため、財産を一切もらわなかった人でも、請求があれば返済しなければなりません。さらに、相続時点では返済義務が実際に生じているわけではないので、相続税の計算をする時にはマイナスすることができません。

　このように連帯保証は、残された人の生活をめちゃくちゃにしかねません。しかも、亡くなった人が連帯保証人になっているかどうかは非常に把握しづらいので、気づいた時には、相続発生後３ヶ月が経過してしまって、相続放棄が不可能な状態だったという場合が多々あります。連帯保証の有無は生前にはっきりと話しておく必要があります。

4．相続放棄の場合の生命保険金

　相続放棄をしてしまうと、生命保険金も受け取れなくなるような気がします。でも、これは大きな誤解です。「受取人」に特定の人が指定されている場合、または単に「相続人」となっている場合、生命保険金は受取人や相続人固有の財産となり、相続放棄しても受け取れます。

　ただし、受取人が「亡くなった人自身」になっている時は要注意です。亡くなった方の相続財産となってしまうので相続放棄をした場合は受け取れません。事前に契約内容を確認しておく必要があります。

　なお、上記のどの場合も、税法上は「みなし相続財産」として相続税の対象になります。

ステージA （既に相続が発生）

〈相続発生後のフローチャート〉

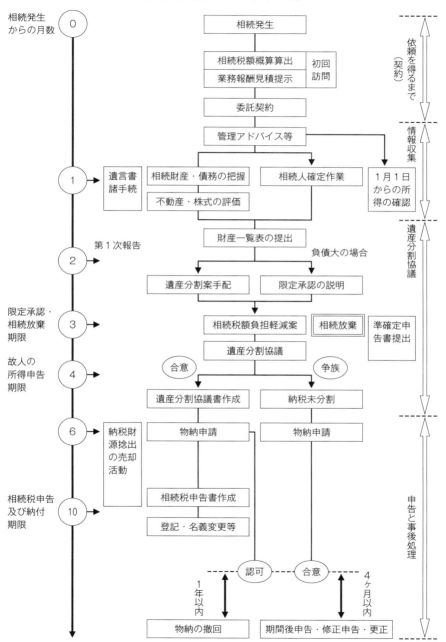

第❷部 ステージ別で考える相続対策ABC

ステージA

4　配偶者自身の財産の把握と二次相続を見据えた遺産分割の検討

概　　要

　配偶者は、一次相続において配偶者の税額軽減制度（相法19の2）があるため、一次相続において配偶者が法定相続分まで相続した方が有利のように考えがちです。しかし、一次相続の税負担と二次相続の税負担のトータル税負担で考えたときは、配偶者の固有財産の金額によっては、一次相続において配偶者が全く相続しない（又は法定相続分以下の金額を相続する）分割方法が時として有利な場合があります。

　よって、一次相続の分割方法を検討するうえで、配偶者固有の財産がどの程度あるのかを確認し、一次相続と二次相続の実効税率を把握することが、トータルの税負担を軽減するうえで重要なポイントとなってきます。また、二次相続時に、相続人が小規模宅地の特例の適用を受けることが出来ないと想定される場合には、一次相続時に小規模宅地の特例をどの相続人で受けるのか、又は特例の適用要件を満たしていない相続人がその宅地を相続するのかの検討が、一次相続の税負担と二次相続の税負担のトータルの税負担の軽減を図るうえでも重要なポイントとなってきます。

具体的内容

　配偶者は被相続人の財産形成に大きく寄与している面が多分にあるため、相続税法上も配偶者の財産取得については優遇規定が設けられており、被相続人から相続又は遺贈により財産を取得した場合でも、その相続した財産金額が、相続財産の法定相続分に相当する金額か1億6,000万円のいずれか高い金額までのときは、「配偶者に対する相続税額の軽減」の規定により、配偶者に対しては相続税がかからないこととなります。

したがって、一次相続のみの税額に着目した場合には、配偶者が一次相続において相続財産の法定相続分に相当する金額か１億6,000万円のいずれか高い金額を相続する分割方法が、一次相続において税額を最も抑えることができる分割方法となります。
　ただし、ここで気をつけなければならないのが、配偶者の二次相続時における実効税率です。一次相続において配偶者の税額軽減により相続税がかからないとしても、二次相続においては、配偶者の税額軽減の適用がないため、一次相続により取得した財産と配偶者固有の財産に対して、相続税の課税がされることとなります。この場合において、

　　　一次相続の実効税率　＞　二次相続の実効税率

であれば、一次相続において配偶者の税額軽減の適用を受けて、二次相続時に相続税の課税を受けた方が結果としては有利となります。しかし、

　　　一次相続の実効税率　＜　二次相続の実効税率

となる場合は、一次相続において配偶者が財産を相続せず、子供が一次相続において相続して一次相続の税率の適用を受けた場合の方が有利となります。
　また、二次相続において小規模宅地の特例が適用出来ないと想定される場合、一次相続時に配偶者が小規模宅地の特例を適用して居住用宅地を相続したときは、一次相続時の評価額が20だったものが、二次相続時には100の財産として相続税が課税されることとなりますので、配偶者の固有財産と合わせて、一次相続・二次相続の実効税率を確認して、配偶者が相続する金額と小規模宅地の特例を配偶者で受けるのか受けないのかを検討していかなければなりません。

■ 具 体 例 ■
【ケース１】　配偶者が一次相続で全く相続しないほうが有利となる場合

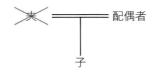

被相続人：夫
相 続 人：配偶者と子１人
被相続人の財産：４億円
配偶者固有の財産：１億円

(1) **一次相続の税額を抑えるため、配偶者の税額軽減を最大限に使用した分割案の場合**

① 一次相続の税額

4億円 −（3,000万円 + 600万円 × 2人）= 3億5,800万円

3億5,800万円 × $\frac{1}{2}$ = 1億7,900万円

配偶者分：1億7,900万円 × 40％ − 1,700万円 = 5,460万円

子 供 分：1億7,900万円 × 40％ − 1,700万円 = 5,460万円

相続税の総額：5,460万円 + 5,460万円 = 1億920万円

⇒配偶者分については、配偶者の税額軽減により全額税額控除

一次相続で納付すべき税額は、5,460万円となります。

② 二次相続の税額

一次相続により取得した財産：2億円

配偶者固有の財産：1億円

相続財産：2億円 + 1億円 = 3億円

※配偶者の収入＝生活費とし、財産の増減はないものとします。

3億円 −（3,000万円 + 600万円 × 1人）= 2億6,400万円

2億6,400万円 × $\frac{1}{1}$ = 2億6,400万円

子供分：2億6,400万円 × 45％ − 2,700万円 = 9,180万円

二次相続で納付すべき税額は、9,180万円となります。

③ 一次・二次相続の合計税額

5,460万円 + 9,180万円 = 1億4,640万円

(2) **一次相続で配偶者が全く相続しなかった場合**

① 一次相続の税額

4億円 −（3,000万円 + 600万円 × 2人）= 3億5,800万円

3億5,800万円 × $\frac{1}{2}$ = 1億7,900万円

配偶者分：1億7,900万円 × 40％ − 1,700万円 = 5,460万円

子 供 分：1億7,900万円 × 40％ − 1,700万円 = 5,460万円

⇒配偶者が相続しないため、税額控除なし

一次相続で納付すべき税額は、5,460万円 + 5,460万円 = 1億920万円となります。

② 二次相続の税額

一次相続により取得した財産：0円

配偶者固有の財産：1億円

相続財産：1億円

※ 配偶者の収入＝生活費とし、財産の増減はないものとします。

1億円 － （3,000万円 ＋ 600万円 × 1人）＝ 6,400万円

6,400万円 × $\frac{1}{1}$ ＝ 6,400万円

子供分：6,400万円 × 30％ － 700万円 ＝ 1,220万円

二次相続で納付すべき税額は、1,220万円となります。

③ 一次・二次相続の合計税額

1億920万円 ＋ 1,220万円 ＝ 1億2,140万円

よって、(1)と比較した場合、1億4,640万円 － 1億2,140万円 ＝ 2,500万円税負担を抑えることができます。

【ケース2】 一次相続で配偶者が居住用宅地を相続せず、小規模宅地の特例を適用しない方が有利となる場合

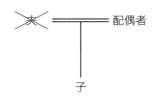

被相続人：夫
相 続 人：配偶者と子1人

被相続人の居住用宅地以外の財産：1億5,000万円
被相続人の居住用宅地：1億円（小規模宅地の特例適用後は2,000万円）
配偶者固有の財産：1億円

※二次相続において子は小規模宅地の特例の適用要件を満たさないものとします。

(1) 一次相続で配偶者が居住用宅地のみを相続して小規模宅地の適用を受けた場合

① 一次相続の税額

1億5,000万円＋2,000万円－（3,000万円＋600万円×2人）＝1億2,800万円

1億2,800万円×$\frac{1}{2}$＝6,400万円

配偶者分：6,400万円×30％－700万円＝1,220万円

子　供　分：6,400万円×30％－700万円＝1,220万円

相続税の総額：1,220万円＋1,220万円＝2,440万円

納付すべき税額は、2,440万円×$\frac{1億5,000万円}{1億7,000万円}$≒2,153万円となります。

※ 2,000万円の居住用宅地を相続した配偶者は、配偶者の税額軽減により納付すべき税額は0円となります。

② 二次相続の税額

一次相続により取得した居住用宅地：1億円（小規模宅地の特例を適用できないため）

配偶者固有の財産：1億円

相続財産：1億円＋1億円＝2億円

※ 配偶者の収入＝生活費とし、財産の増減はないものとします。

2億円－（3,000万円＋600万円×1人）＝1億6,400万円

1億6,400万円×$\frac{1}{1}$＝1億6,400万円

納付すべき税額は、1億6,400万円×40％－1,700万円＝4,860万円となります。

③ 一次・二次相続の合計税額

2,153万円＋4,860万円＝7,013万円

(2) 一次相続で全ての財産を子が相続して小規模宅地の適用を受けなかった場合

① 一次相続の税額

1億5,000万円＋1億円－（3,000万円＋600万円×2人）＝2億800万円

2億800万円×$\frac{1}{2}$＝1億400万円

配偶者分：1億400万円×40％－1,700万円＝2,460万円

子 供 分： 1 億400万円×40％ − 1,700万円 = 2,460万円

　配偶者は財産を全く相続していないので、一次相続で納付すべき税額は、2,460万円 + 2,460万円 = 4,920万円となります。
② 二次相続の税額
　一次相続により取得した財産： 0 円
　配偶者固有の財産： 1 億円
　相続財産： 1 億円
　※ 配偶者の収入 = 生活費とし、財産の増減はないものとします。
　1 億円 −（3,000万円 + 600万円 × 1 人）= 6,400万円
　$6,400万円 × \dfrac{1}{1} = 6,400万円$
　子供分：6,400万円×30％ − 700万円 = 1,220万円
　二次相続で納付すべき税額は、1,220万円となります。
③ 一次・二次相続の合計税額
　4,920万円 + 1,220万円 = 6,140万円
よって、(1)と比較した場合、7,013万円 − 6,140万円 = 873万円税負担を抑えることができます。

注意点

　一次相続・二次相続のトータルの税負担を考えるうえで、二次相続時の相続財産額の把握（推定）が必要となってきますが、それにはまず、一次相続発生後から二次相続発生までに配偶者のトータルの生活費がどの程度必要なのか、つまり、一次相続発生時点での配偶者の年齢や健康状況、生活水準などを総合的に勘案して、二次相続時の相続財産額を推定していく必要があります。

ステージA

5　不動産の分割取得による評価下げの検討

概　要

　被相続人が所有していた土地を複数の相続人で相続する時、土地を分筆して分筆後の所有者を別々にし、分筆により地形や接する道路の路線価を変えることで、評価を下げることができます。

〈メリット〉

・土地の分筆の仕方よっては土地の評価を下げることができ、節税につながります。

・土地を分筆して節税し、一部の土地を売却して納税資金もつくれます。

〈デメリット〉

・分筆するには分筆費用がかかります。

具体的内容

　土地の戸数の単位は「筆」という単位で表しますが、分筆とは１筆の土地を２筆以上に分割する登記のことをいいます。

　土地の価額は、１画地の土地（利用単位となっている１区画の土地をいいます。）ごとに評価し、相続、遺贈又は贈与により取得した土地については、原則として、その取得した土地ごとに評価します。すなわち、被相続人の相続発生時の状態で評価するのではなく、相続後の取得ごとに、かつ利用単位ごとに評価します。つまり、相続発生後でも適用できる対策です。

　そこで、次の具体例のような分割をすると、土地の評価額を下げることができます。

ステージA （既に相続が発生）

■ 具 体 例 ■

【ケース1】

・普通住宅地区にある土地　400㎡
・被相続人　父
・相続人　　長男・長女
・奥行価額補正率　20m：1.0
・二方路線影響加算率　0.02

〈共有の場合〉

路線価　200千円

20m｛ 長男長女が共有で相続

路線価　100千円

〈分筆した場合〉

路線価　200千円

10m｛ 長男が相続

10m｛ 長女が相続

路線価　100千円

(1) 共有の場合

　1㎡当たりの価額の計算

　200,000円×1.0＝200,000円

　200,000円＋（100,000円×1.0×0.02）＝202,000円

　評価額の計算　202,000円×400㎡＝80,800,000円……A

(2) 分筆した場合

　長男……200,000円×1.0＝200,000円

　　　　　200,000円×200㎡＝40,000,000円……①

　長女……100,000円×1.0＝100,000円

　　　　　100,000円×200㎡＝20,000,000円……②

　①＋②＝60,000,000円　……………………………… B

(3) 差額

A − B = 20,800,000円　評価が下がりました。

【ケース2】

・普通住宅地区にある土地　300㎡
・被相続人　父
・相続人　　長男・長女
・路線価　　300,000円
・間口が狭く奥行が長いので、手前の区画と進入路幅を設けた奥の区画（旗竿地といいます。）の2つに分筆します。

〈共有の場合〉

路線価 300千円
15m
20m
長男長女が共有で相続

〈分筆した場合〉

路線価 300千円
13m　2m
20m
長男が相続
長女が相続

(1) 共有の場合

300,000円 × 300㎡ = 90,000,000円 ……………………… A

(2) 分筆した場合

長男……300,000円 × 150㎡ = 45,000,000円　……………①
長女……300,000円 × 0.79 × 150㎡ = 35,550,000円 ………②
①+② = 80,550,000円 ……………………………………… B

(3) 差額

A − B = 9,450,000円　評価が下がりました。

ステージA　（既に相続が発生）

【ケース3】

- 普通住宅地区にある土地　500㎡
- 被相続人　父
- 相続人　　長男・長女
- 奥行価額補正率　25m：0.99
- 側方路線影響加算率　0.03

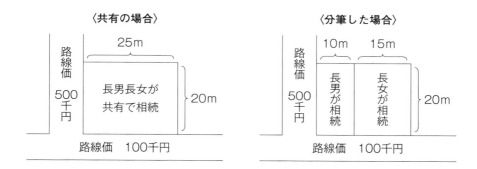

(1) 共有の場合

　1㎡当たりの価額の計算

　　500,000円×0.99＝495,000円

　　495,000円＋（100,000円×1.0×0.03）＝498,000円

　評価額の計算　498,000円×500㎡＝249,000,000円……A

(2) 分筆した場合

　長男……500,000円×1.0＝500,000円

　　　　　500,000円＋（100,000円×1.0×0.03）＝503,000円

　　　　　503,000円×200㎡＝100,600,000円……①

　長女……100,000円×1.0＝100,000円

　　　　　100,000円×300㎡＝30,000,000円　……②

　①＋②＝130,600,000円……………………………………B

(3) 差額

　　A－B＝118,400,000円　評価が下がりました。

注 意 点

　分筆による節税は、所有者（相続人）が別々であることが条件となります。ただし、土地を分筆して分割した時に、分割後の土地が宅地として普通に使えないほど、その分割が著しく不合理であると認められた時（不合理分割といいます。）は、その分割前の画地を1画地の宅地として評価することになるので、注意が必要です（評基通7－2）。

　不合理分割
　　・無道路地又は帯状地となる場合
　　・その地域における標準的な宅地の地積からみて、著しく狭い宅地となる場合
　　・現在のみならず、将来においても有効な土地利用が図られないと認められる場合など

ステージA （既に相続が発生）

関連法令

財産評価基本通達７−２　評価単位

土地の価額は、次に掲げる評価単位ごとに評価することとし、土地の上に存する権利についても同様とする。

（１）　宅地

　宅地は、1画地の宅地（利用の単位となっている1区画の宅地をいう。以下同じ。）を評価単位とする。

　　（注）　贈与、遺産分割等による宅地の分割が親族間等で行われた場合において、例えば、分割後の画地が宅地として通常の用途に供することができないなど、その分割が著しく不合理であると認められるときは、その分割前の画地を「1画地の宅地」とする。

（略）

（７）　雑種地

　雑種地は、利用の単位となっている一団の雑種地（同一の目的に供されている雑種地をいう。）を評価単位とする。

　ただし、市街化調整区域以外の都市計画区域で市街地的形態を形成する地域において、82《雑種地の評価》の本文の定めにより評価する宅地と状況が類似する雑種地が2以上の評価単位により一団となっており、その形状、地積の大小、位置等からみてこれらを一団として評価することが合理的と認められる場合には、その一団の雑種地ごとに評価する。この場合において、1の（注）に定める場合に該当するときは、その（注）を準用する。

　　（注）1　「1画地の宅地」は、必ずしも1筆の宅地からなるとは限らず、2筆以上の宅地からなる場合もあり、1筆の宅地が2画地以上の宅地として利用されている場合もあることに留意する。

　　　　　2　「1枚の農地」は、必ずしも1筆の農地からなるとは限らず、2筆以上の農地からなる場合もあり、また、1筆の農地が2枚以上の農地として利用されている場合もあることに留意する。

　　　　　3　いずれの用にも供されていない一団の雑種地については、その全体を「利用の単位となっている一団の雑種地」とすることに留意する。

ステージA

6　相続した不動産を売却する場合の売却時期の検討

■ 概　　要 ■

相続税の取得費加算の特例（相続財産を譲渡した場合の取得費の特例）

　相続税の申告書の提出期限から3年以内に相続人が相続した財産を譲渡した場合は、譲渡した資産の取得費に、以下の算式の金額のいずれか低い金額を加算することができます。

(1)　**土地等以外の財産を譲渡した場合**

$$譲渡した者の確定相続税額 \times \frac{その者の相続税の課税価格の計算の基礎とされた譲渡資産の価額}{その者の相続税課税価格（債務控除前）}$$

又は

譲渡資産の収入金額 ―（譲渡資産の取得費＋譲渡費用）

　※　土地等以外の財産には、相続時精算課税により取得した資産も含みます。

(2)　**土地等を譲渡した場合**

$$譲渡した者の確定相続税額 \times \frac{相続等により取得したその譲渡した土地等^{※}の課税価格の計算の基礎に算入された価額}{その者の相続税課税価格（債務控除前）}$$

　※1　土地等とは、土地及び土地の上に存する権利をいいます。
　　2　土地等には、相続時精算課税の適用を受けて、相続財産に合算された贈与財産である土地等や、相続開始前3年以内に被相続人から贈与により取得した土地等が含まれ、相続開始時において棚卸資産又は準棚卸資産であった土地等や物納した土地等及び物納申請中の土地等は含まれません。

又は

譲渡資産の収入金額 ―（譲渡資産の取得費＋譲渡費用）

ステージA （既に相続が発生）

　上記の確定相続税額は、相続税額を計算するうえで贈与税額控除が行われている場合には、贈与税額控除がなかったものとして計算した相続税額によります。

■ 具体的内容 ■

1．具体的な税金の計算（平27.1.1以後の税額の比較）

　具体例として、財産5億円を所有する方の相続が発生し、相続人が子供2人であるときの相続税は、1億5,210万円とします（平成27年1月1日以後）。
（1）　5億円－（基礎控除3,000万円＋600万円×2人）＝4億5,800万円
（2）　（（1）÷2人×45％－2,700万円）×2人＝1億5,210万円

　例えば、相続税評価額が1億円の土地を1億3,000万円で売却した場合、改正前と改正後の譲渡所得税を比較すると下記のようになり、**所得税は約1,854万円の増税**となります。

課税価格の合計額　5億円

| 現金　5,000万円（10%） |
| 家屋　5,000万円（10%） |
| 全ての土地　4億円（80%） |

課税価格の合計額　5億円

| 現金　5,000万円（10%） |
| 家屋　5,000万円（10%） |
| その他の土地　3億円（60%） |
| 譲渡した土地　1億円（20%） |

【平27.1.1前の取得費に加算する金額】　　【平27.1.1以後の取得費に加算する金額】
　1億5,210万円×80％＝1億2,168万円 ━━━▶ 1億5,210万円×20％＝3,042万円

　　　　　　　　　　取得費加算：9,126万円の減額

【平27.1.1前の譲渡所得税】
（1億3,000万円－650万円［譲渡価格の5％］－1億2,168万円［所得費加算］）×20.315％（特例考慮せず）＝369,000円

　　　　　　　　　　譲渡所得税：約1,854万円の増税

【平27.1.1以後の譲渡所得税】
（1億3,000万円－650万円［譲渡価格の5％］－3,042万円［所得費加算］）×20.315％（特例考慮せず）
＝18,909,000円

2．特別控除や他の規定による軽減特例の適用がある不動産

　他の規定との重複適用が可能です。取得費加算の特例は譲渡益を限度として適用され、仮に適用後に譲渡益が生じたとしても、居住用財産の譲渡なら3,000万円の特別控除の適用で課税所得をより少なくすることができます。また、軽減税率の適用や買換え特例の適用も可能です。

3．3年以内に譲渡ができない場合の対策

　相続した土地等を3年以内に譲渡ができない場合は、同族法人等に時価で一旦譲渡し、取得費（簿価）を引き上げておくことで、譲渡益を最小限に抑えることができます。ただし、この場合、取得する法人において相続人から法人へ不動産の所有権移転に伴う登記諸費用や不動産取得税がかかります。

　また、土地の譲渡所得税は、譲渡益が生ずる場合に課税されます。いつ売却しても譲渡益の出ない土地であれば、取得費加算の特例の適用期限を気にする必要はありません。

4．相続税の延納を受けているときの利子税

　個人で相続した土地にかかる相続税等の延滞利子税（不動産等の占める割合が50％以上なら原則年3.6％）は、必要経費にはなりません。

・個人が経費にできない金利：相続税等の延納の利子税、自宅購入のための借入金金利等
・個人が経費にできる金利：事業用資産の購入の借入金金利、賃貸建物建築のための借入金利等

具体例

　Aさんは、2年前に父親が亡くなり甲土地（1億円）と乙土地（3億円）とその他財産1億円を相続しました。今回、乙土地（取得費不明）を売却することを考えています。

　Aさんの相続税の課税価額（債務控除前）：5億円
　Aさんが納付した相続税額：1億円

ステージA （既に相続が発生）

・申告期限より3年以内に譲渡した場合に譲渡所得にかかる税額

取得費に加算できる金額

$$1億円（納付した相続税額）\times \frac{3億円（乙土地）}{5億円（課税価額）}=6,000万円$$

{3億円－（3億円×5％（概算取得費）＋6,000万円）}

×20.315％（所得税・復興特例所得税・住民税）≒45,708,000円

12,189,750円の差額

・申告期限より3年以上経過後に譲渡した場合に譲渡所得にかかる税額

（3億円－3億円×5％（概算取得費））

×20.315％（所得税・復興特例所得税・住民税）≒57,897,000円

注意点

相続の年の翌年3月15日までに相続の申告書を提出しないと取得費加算の特例の適用を受けられません。

相続税の申告書の提出期限は相続開始から10ヶ月後です。例えば平成26年8月1日に相続が開始した場合、申告期限は平成27年6月1日ですので、翌年3月15日までに相続税の申告書を提出していないということは考えられます。この相続で取得した財産を平成26年中に売却した場合で、翌年3月15日までに相続税の申告書を提出していなければ、相続税額が確定していなく取得費加算の計算ができないため、取得費加算の特例の適用は受けられません。

このような場合、次の方法が考えられます。

① 相続税の取得費加算の特例の適用を受けずに所得税の確定申告を行い、納税をします。
② その後相続税の申告を行い、納税をします。
③ 改めて所得税で相続税の取得費加算の特例の適用を受け、5年以内に更正の請求をし、所得税の過納付分を還付してもらいます。

若しくは、相続税の申告が平成27年3月15日以降になるようでしたら、売却も平成27年以降に遅らせれば相続税額も確定し取得費加算の計算ができます。

これまで所得費に加算する金額は「その者が相続で取得した全ての土地等に対応する相続税相当額」と規定されていましたが、平成27年1月1日以降は「その譲渡した土地等に対応する相続税相当額」に縮減されます。

> ステージA　（既に相続が発生）

関連法令

租税特別措置法施行令第25条の16　相続財産に係る譲渡所得の課税の特例

1　法第39条第1項に規定する譲渡をした資産に対応する部分として政令で定めるところにより計算した金額は、第1号に掲げる相続税額に第2号に掲げる割合を乗じて計算した金額とする。ただし、当該計算した金額が、当該資産の譲渡所得に係る収入金額から同項の規定の適用がないものとした場合の当該資産の取得費及びその資産の譲渡に要した費用の額の合計額を控除した残額に相当する金額を超える場合には、その残額に相当する金額とし、当該収入金額が当該合計額に満たない場合には、当該計算した金額は、ないものとする。

一　当該譲渡をした資産の取得の基因となった相続又は遺贈（法第39条第1項に規定する遺贈をいう。第3項において同じ。）に係る当該取得をした者の同条第1項に規定する相続税法（昭和25年法律第73号）の規定による相続税額（同条第6項の規定又は第3項の規定の適用がある場合にはその適用後の金額とし、これらの相続税額に係る国税通則法第2条第4号に規定する附帯税に相当する税額を除く。）で、当該譲渡の日の属する年分の所得税の納税義務の成立する時（その時が、法第39条第1項に規定する相続税申告書の提出期限内における当該相続税申告書の提出の時前である場合には、当該提出の時）において確定しているもの

二　前号に掲げる相続税額に係る同号に規定する者についての相続税法第11条の2に規定する課税価格（同法第19条又は第21条の14から第21条の18までの規定の適用がある場合にはこれらの規定により課税価格とみなされた金額とし、同法第13条の規定の適用がある場合には同条の規定の適用がないものとした場合の課税価格又はみなされた金額とする。）のうちに当該譲渡をした資産の当該課税価格の計算の基礎に算入された価額の占める割合

2　前項第1号に掲げる相続税額は、同号に規定する納税義務の成立する時後において、当該相続税額に係る相続税につき修正申告書の提出又は国税通則法第24条若しくは第26条に規定する更正があった場合には、同号の規定にかかわらず、その申告又は更正後の相続税額とする。

3　相続又は遺贈による財産の取得をした個人の当該相続又は遺贈につき相続税法第19条の規定の適用がある場合には、当該個人に係る法第39条第1項に規定する相続税法の規定による相続税額は、同法第19条の規定により控除される贈与税の額がないものとして計算した場合のその者の同法の規定による納付すべき相続税額（法第39条第6項の規定の適用がある場合には、その適用後の金額）に相当する金額とする。

ステージA

7　広大地評価が採用できないかの検討

概　要

　広大地とは、その地域における標準的な宅地の面積に比べて著しく面積が広大な土地のことをいいます。このような土地は取引総額の高額化によって買い手の購買意欲が減少することにより、取引価格が低下するという市場原理から、その評価減を必要とします。また、著しく面積が広大な土地を、戸建住宅分譲用地として開発しようとした場合、開発許可の条件として道路・公園・ごみ置場などの公共公益施設用地の負担を求められます。当然この公共用地部分の市場価値はゼロです。そこで、この公共用地部分を適正に評価して減額することを目的に、広大地評価の規定が設けられました。

具体的内容

1．評価通達24-4による広大地判定フローチャート

〈評価対象地〉

```
1  大規模工事用地に該当するか
        │ YES →  広大地に該当しない
        NO ▽
2  高層集合住宅等の敷地用地に適しているか
   （マンション適地か）
        │ YES →  広大地に該当しない
        NO ▽
3  その地域における標準的な宅地の地積に比
   して著しく面積が広大か
        │ NO →  広大地に該当しない
        YES ▽
4  開発行為を行うとした場合、道路、公園等
   の公共公益的施設用地の負担が必要か
        │ NO →  広大地に該当しない
        YES ▽
   広大地に該当する
```

ステージA　（既に相続が発生）

　その地域における標準的な宅地の地積に比して著しく地積が広大な宅地で都市計画法第4条第12項に規定する開発行為を行うとした場合に公共公益的施設用地の負担が必要と認められるもの（大規模工場用地及びマンション適地を除く）（評基通24-4）。

2．広大地の評価方法
　次の方法により評価することとされています。

(1) 路線価地域内の広大地の評価
　その広大地の面する路線価に、次の算式により求めた広大地補正率を乗じて評価します。

　　広大地の評価額　＝　正面路線価　×　広大地補正率　×　地積

$$広大地補正率 = 0.6 - 0.05 \times \frac{広大地の地積}{1,000㎡}$$

広大地の地積	広大地補正率	広大地補正率の計算過程
1,000㎡	0.55	$0.6 - 0.05 \times \frac{1,000㎡}{1,000㎡}$
2,000㎡	0.5	$0.6 - 0.05 \times \frac{2,000㎡}{1,000㎡}$
3,000㎡	0.45	$0.6 - 0.05 \times \frac{3,000㎡}{1,000㎡}$
4,000㎡	0.4	$0.6 - 0.05 \times \frac{4,000㎡}{1,000㎡}$
5,000㎡	0.35	$0.6 - 0.05 \times \frac{5,000㎡}{1,000㎡}$

　（注）1　広大地補正率は端数処理をしません。
　　　　2　広大地補正率により評価できる広大地は5,000㎡以下の地積のものとさ

れています。したがって、広大地補正率は、0.35を下限とします。5,000㎡を超える広大地については、原則として評基通5（評価方法の定めのない財産の評価）により個別に評価することになりますが、地積が5,000㎡を超える広大地であっても、広大地補正率の下限である0.35を適用して評価することができます。

3 「その広大地の面する路線の路線価」はその路線が２以上ある場合には、原則として、その広大地が面する路線の路線価のうち最も高いものをいいます。

(2) **倍率地域に所在する場合**

路線価方式に準じて評価

評価しようとする広大地の付近にある標準的な画地規模を有する宅地の価額との均衡を考慮して算定した価額を路線価と仮定し、上記計算で求めた広大地補正率を奥行価格補正率に代えて画地計算します。

具体例

正面路線価　200千円

$$200千円 \times 0.6 - 0.05 \times \frac{3,000㎡}{1,000㎡} \times 3,000㎡ = 270,000千円$$

注意点

広大地の判定は、不動産の専門的知識がなければ対応できないことが多く、都市計画法、建築基準法をはじめ、各自治体の開発指導要綱や開発登録簿の調査、さらには不動産の最有効使用、標準的宅地面積、マーケット情報などに関する知識が必要とされます。

また、最近では国税庁HP内の質疑応答事例においても事例に基づく説明がなされていますが、どうなったら広大地に該当するかの明確な判断基準は示されておりません。実際の案件においては迷うことが多く、税務署によっても広大地の判定の可否が異なるため、広大地に該当するかどうかの判定には困難が伴うため注意が必要です。

ステージA （既に相続が発生）

> 国税庁タックスアンサー
>
> No.4610　広大地の評価
>
> 1　広大地とは
>
> 　広大地とは、その地域における標準的な宅地の地積に比して著しく地積が広大な宅地で、都市計画法第4条第12項に規定する開発行為を行うとした場合に公共公益的施設用地の負担が必要と認められるものをいいます。ただし、大規模工場用地に該当するもの及び中高層の集合住宅等の敷地用地に適しているものは除きます。
>
> （注）1　都市計画法第4条第12項に規定する開発行為とは、主として建築物の建築又は特定工作物の建設の用に供する目的で行う土地の区画形質の変更をいいます。
>
> 　　　2　公共公益的施設用地とは、道路、公園等の公共施設の用に供される土地及び教育施設、医療施設等の公益的施設の用に供される土地をいいます。
>
> 　　　3　大規模工場用地とは、一団の工場用地の地積が5万平方メートル以上のものをいいます（ただし、路線価地域においては、大工場地区として定められた地域に所在するものに限ります。）。
>
> 　　　4　中高層の集合住宅等の敷地用地に適しているものとは、その宅地について経済的に最も合理的であると認められる開発行為が中高層の集合住宅等を建築することを目的とするものであると認められるものをいいます。
>
> 　　　　　　　　　　　（以下略）

> ステージA

8 遺産分割が相続税の申告期限までにまとまらない場合のデメリット

■ 概　要

　相続税の申告期限は、相続開始があったことを知った日（通常は被相続人がなくなった日）の翌日から10ヶ月以内です。この10ヶ月以内に、相続人及び受遺者の間で遺産分割協議がまとまればいいのですが、まとまらなかった場合には、民法に規定する法定相続人が法定相続分を取得したと仮定して相続税額を計算し、申告・納付を行わなければなりません。

　遺産が未分割の状態ですと、分割が申告要件となっている「配偶者の税額軽減の特例」（相法19の2）や「小規模宅地等の課税の特例」（措法69の4）など適用されない特例があるため相続税を多く納めることになったり、共有状態が続くことによる不利益が生じたりすることがあります。

　ここでは遺産分割がまとまらない場合のデメリットについて具体的に見ていきます。なお、遺言書があれば、この遺産分割協議を省くことができますので、未分割で申告せざるをえないという状況を避けることができます。

■ 具体的内容

1．税法上のデメリット

　申告期限までに遺産が分割されていない場合には、次の特例が受けることができません。

(1) 「配偶者の税額軽減の特例」が受けられない

　　この規定は、被相続人の死亡後における配偶者の老後の保障や遺産の維持形成に対する配偶者の貢献の考慮などから設けられた軽減措置で、次の算式で求められた金額が、配偶者の相続税額から控除されます。つまり、配偶者が取得する遺産が法定相続分（1億6,000万円に満たない場合には1億6,000

万円）未満である場合は、配偶者の納めるべき相続税額はゼロとなります。

$$\text{相続税の総額} \times \frac{\text{課税価格の合計額のうち①と②のいずれか少ない方の金額}}{\text{課税価格の合計額}} = \text{税額軽減額}$$

① 配偶者の法定相続分（1億6,000万円に満たない場合には1億6,000万円）
② 配偶者の実際の取得額

　しかし、この特例は配偶者が実際に取得した遺産の額を基に計算されることになるため、遺産が未分割の場合はその未分割の遺産分については適用を受けることができません。

　なお、申告期限までに配偶者の相続分が決まらないときは、申告書と一緒に分割されない事情や遺産分割の予定が記載された「申告期限後3年以内の分割見込書」（49頁参照）を提出します。その後、3年以内※に遺産の分割が決まれば更正の請求をして払いすぎた税金を還付してもらうことができます。

> ※　申告期限から3年たった日の翌日から2ヶ月以内に「遺産が未分割であることについてやむを得ない事由がある旨の承認申請書」を提出・承認を受けた場合には、その期間を延長することも可能です。

(2) 「小規模宅地等の評価減」の特例が受けられない

　この規定は、相続人等の生活基盤の維持のために不可欠な自宅や事業用の敷地について相続税の評価を減額し、生活を保護するために設けられた軽減措置です。相続等により取得した居住用や事業用の宅地等のうち、一定の面積まで（居住用330㎡※・事業用400㎡・貸付事業用200㎡）の分については、一定の条件によって50％または80％の減額ができるという特例です。

　この特例も実際に相続人等が取得した遺産の額を基に計算されることになるため、遺産が未分割の場合には適用を受けることができません。

　申告期限後3年以内に遺産分割がまとまった場合の取扱いは、(1)の配偶者の税額軽減の特例と同じです。

> ※　平成26年12月31日以前の相続により取得した小規模宅地等については、居住用の限度面積は240㎡となります。

(3) 「農地等の相続税の納税猶予」の特例が受けられない

　この規定は、農地の細分化の防止や農業後継者の育成を助成するなどの観点から、一定の要件を満たした場合に、農業相続人が相続又は遺贈により取得した農地等にかかる相続税の納税が猶予されるというものです。この納税猶予を受けた相続税額は、農業相続人が死亡した場合等には免除されることになります（措法70の6）。

(4) 「非上場株式等の納税猶予」の特例が受けられない

　この規定は、次世代への企業経営の円滑な承継を図るなどの観点から、後継者である相続人が、相続等により一定の要件を満たした非上場会社の株式等を被相続人（先代経営者）から取得した場合には、その相続人が納付すべき相続税額のうち、その株式等（一定の部分に限る）に係る課税価格の80％に対応する相続税の納税が猶予されるというものです（措法70の7の2）。

(5) 「相続税額の取得費加算」の特例が受けられない

　この規定は、相続又は遺贈により取得した財産を相続税の申告期限の翌日以後3年以内に譲渡した場合には、納付すべき相続税額のうち一定の金額を取得費に加算するというものです。遺産が未分割であると財産は共有状態にあり、譲渡することが困難となって、この特例の適用期間が経過してしまうことも考えられます。分割が確定せず共有状態にある相続財産を換価した場合の譲渡所得の申告は、申告期限までに換価代金の分割が行われていない場合には法定相続分により申告することになりますが、法定相続分により申告した後に換価代金が分割されたとしても、法定相続分による譲渡に異動が生じるものではありませんので、更正の請求等をすることはできません（措法39）。

2．その他のデメリット

(1) **管理不適格財産として物納が認められない**

　相続税の納付は、原則として、申告書の提出期限までに金銭で一括納付しなければなりませんが、一定の要件を満たせば「延納」が認められ、その延納による納付が困難な場合には「物納」が認められます。しかし、遺産が未分割である場合には物納しようとする財産は共有状態にあるとされ、管理不

適格財産として申請が却下されてしまいます。

ただし、物納申請は納付期限までとなり修正申告や更正の請求では申請できませんので、物納の可能性がある場合には未分割でも申請だけはしておくべきです（相法41）。

(2) **被相続人が根抵当の債務者である場合**

根抵当の債務者が死亡した場合は、その死亡の日から6ヶ月以内に後継債務者を定める合意の登記をしないと、相続開始時に債務の金額が決定してしまいます（元本の確定）。元本の確定がされると根抵当権は抵当権と同じようなものとなり、銀行との継続的な取引は終了してしまいます。その場合には、銀行は共同相続人全員に対して根抵当権債務の弁済を請求することも考えられ、根抵当が設定された不動産を取得した者が債務も承継するという内容の取決めをしても、それを銀行に主張することはできません。

被相続人が根抵当の債務者であり、その後も銀行との継続的な取引を考えている場合には、6ヶ月以内に分割協議をまとめて、登記をすることが必要です。

(3) **預金等の払戻しができない**

預金は金融機関に対する金銭債権ですので、相続の開始によりその債権は、法律上当然に分割され、各相続人がその相続分に応じて債権を取得し請求することができることとされています。つまり遺産が未分割であっても、法定相続分に相当する金額については、金融機関に対して払い戻しを請求できるのです。しかし、金融機関は相続人間の不要なトラブルに巻き込まれることを避けるため、預金の払い戻しに際しては遺産分割協議書等の提出が実務上求められます。預金の払い戻しができず納税資金を準備できない、という可能性も否めません。

なお、判例（最高裁決　平成21年1月22日）は「共同相続人の一人は、……共同相続人全員に帰属する預金契約上の地位に基づき、被相続人名義の預金口座についてその取引経過の開示を求める権利を単独で行使できるというべき」と判示しており、共同相続人全員の同意がなければ預金取引経過を開示しないという金融機関側の対応を否定しています。

具体例

・改正後の基礎控除額及び税率で計算しています。
・相続人…配偶者と子1人
・基礎控除額…3,000万円＋600万円×2人＝4,200万円
・所有財産と取得者

① A土地…配偶者／居住用　・400㎡・相続税評価額　2億円
② B土地…子　　／貸付用　・500㎡・相続税評価額　2億5,000万円
③ C土地…配偶者／他　　　・300㎡・相続税評価額　1億5,000万円
④ D土地…子　　／他　　　・200㎡・相続税評価額　1億円
⑤ E建物…配偶者／A土地上のもの・相続税評価額　6,000万円
⑥ F建物…子　　／B土地上のもの・相続税評価額　1億円
⑦ 現金……配偶者1億円・子5,000万円
⑧ 相続財産　①〜⑦の計＝10億1,000万円

　（内　訳）　配偶者取得分　5億1,000万円　（うち土地3億5,000万円）
　　　　　　　子取得分　　　5億円　　　　（うち土地3億5,000万円）

1．すべて未分割の場合の相続税額

課税遺産総額　　10億1,000万円－4,200万円＝9億6,800万円
相続税額の総額　　4億円
各相続人の相続税額　　配偶者　2億0,198万円、子　1億9,802万円

2．配偶者の税額軽減の特例を適用した場合の相続税額

軽減税額　　4億円×$\frac{1}{2}$＝　2億円

3．特定居住用の小規模宅地等の減額の特例を適用した場合の相続税額

(1) 小規模宅地等の減額の特例

　（前　提）　配偶者が取得したA土地（居住用）に適用
　　課税遺産総額
　　10億1,000万円－1億3,200万円[※1]－4,200万円＝8億3,600万円

ステージA　（既に相続が発生）

相続税額の総額　3億3,400万円

1．との差額　　　3億3,400万円 − 4億円 = △6,600万円

※　1　2億円 × $\frac{330㎡}{400㎡}$ × 80% = 1億3,200万円

(2) (1)＋配偶者の税額軽減の特例を適用

軽減額　3億3,400万円 × $\frac{3億7,800万円^{※2}}{8億7,800万円^{※3}}$ = △1億4,379万円

※　2　5億1,000万円 − 1億3,200万円 = 3億7,800万円

※　3　10億1,000万円 − 1億3,200万円 = 8億7,800万円

(3) (1)＋(2)＝ △2億979万円

4．譲渡所得の相続税額の取得費加算の特例を適用した場合の所得税額（復興特別所得税額）・住民税額

（前　提）　子が相続税の申告期限の翌日から3年以内にD土地を1億5,000万円で売却

(1) 適用しなかった場合

（1億5,000万円 − 750万円$^{※4}$）× 20.315% = 2,895万円

※　4　取得費の概算額　1億5,000万円 × 5% = 750万円

(2) 適用した場合

（1億5,000万円 − 750万円 − 1億3,861万円$^{※5}$）× 20.315% = 79万円

※　5　1億9,802万円 × $\frac{3億5,000万円}{5億円}$ = 1億3,861万円

(3) (2)−(1)＝ △2,816万円

注 意 点

1．連帯納付義務

　相続税の納付は、原則として、相続又は遺贈により遺産を取得した者が個別に納付義務を負っています。しかし、相続税は全体の納税額を遺産を取得した割合に応じて各人が分担して負担する仕組みをとっているため、相続人等のう

ちの誰か1人でも納付していない場合には、取得した遺産の額の範囲内において、連帯納付の義務が課されます。

2．共有状態による収益

　遺産が未分割の状態である場合には、その未分割財産から生ずる収益は各相続人に法定相続分の割合で帰属します。遺産分割の効力は、相続開始があった日まで遡ることとなりますが、所得税等の取扱いについては、過年度の申告について遡って修正するのではなく、その分割があった日以後の所得からその相続分に応じて申告することとなりますので、申告もれに注意が必要です。

　以上のように、遺産分割がまとまらないことで、納付税額が多くなったり、登記や名義変更にいらぬ時間を費やしたり、相続人同士の仲がさらに悪化したりといったことは極力避けなければなりません。相続が発生したときに備え、相続人間で事前によく話し合いスムーズな財産承継ができるよう準備をしておきましょう。

> ステージA （既に相続が発生）

通信日付印の年月日	確認印	番　　号
年　月　日		

被相続人の氏名　＿＿＿＿＿＿＿＿＿＿＿＿＿

申告期限後3年以内の分割見込書

　相続税の申告書「第11表（相続税がかかる財産の明細書）」に記載されている財産のうち、まだ分割されていない財産については、申告書の提出期限後3年以内に分割する見込みです。
　なお、分割されていない理由及び分割の見込みの詳細は、次のとおりです。

1　分割されていない理由

　　＿＿＿＿＿＿＿＿＿＿＿＿＿＿＿＿＿＿＿＿＿＿＿＿＿
　　＿＿＿＿＿＿＿＿＿＿＿＿＿＿＿＿＿＿＿＿＿＿＿＿＿
　　＿＿＿＿＿＿＿＿＿＿＿＿＿＿＿＿＿＿＿＿＿＿＿＿＿
　　＿＿＿＿＿＿＿＿＿＿＿＿＿＿＿＿＿＿＿＿＿＿＿＿＿
　　＿＿＿＿＿＿＿＿＿＿＿＿＿＿＿＿＿＿＿＿＿＿＿＿＿

2　分割の見込みの詳細

　　＿＿＿＿＿＿＿＿＿＿＿＿＿＿＿＿＿＿＿＿＿＿＿＿＿
　　＿＿＿＿＿＿＿＿＿＿＿＿＿＿＿＿＿＿＿＿＿＿＿＿＿
　　＿＿＿＿＿＿＿＿＿＿＿＿＿＿＿＿＿＿＿＿＿＿＿＿＿
　　＿＿＿＿＿＿＿＿＿＿＿＿＿＿＿＿＿＿＿＿＿＿＿＿＿
　　＿＿＿＿＿＿＿＿＿＿＿＿＿＿＿＿＿＿＿＿＿＿＿＿＿

3　適用を受けようとする特例等
　(1)　配偶者に対する相続税額の軽減（相続税法第19条の2第1項）
　(2)　小規模宅地等についての相続税の課税価格の計算の特例
　　　（租税特別措置法第69条の4第1項）
　(3)　特定計画山林についての相続税の課税価格の計算の特例
　　　（租税特別措置法第69条の5第1項）
　(4)　特定事業用資産についての相続税の課税価格の計算の特例
　　　（所得税法等の一部を改正する法律(平成21年法律第13号)による
　　　改正前の租税特別措置法第69条の5第1項）

ステージA

9 納税資金捻出の為の会社への自己株式売却を検討

■ 概　　要 ■

　収益不動産を個人ではなく法人で所有していて、その法人の株価が高額になる場合、株主の相続財産の評価額を大きく押し上げる原因となります。

　そのような同族会社の株式を相続した相続人が、相続税の納税資金を捻出するために、相続した株式をその株式の発行会社へ譲渡した場合、通常は「自己株式の譲渡」ということで、取得価額と売却価額の差額の多くが配当所得とみなされ、所得税・住民税合わせて最大約55％の税率により課税されます。

　しかし、相続発生後3年10ヶ月以内に譲渡した場合には、みなし配当課税は行わず、通常の株式の譲渡と同様に、譲渡所得として20.315％（所得税・復興特別所得税15.315％＋住民税5％）の税率により課税されます。

■ 具体的内容 ■

　非上場株式を発行会社に譲渡した場合には、売却価額がその株式に対応する資本等の金額を超える部分については、みなし配当があったものとして配当所得となります。

　また、その株式に対応した資本等（資本金＋資本積立金）の金額と取得価額との差額が株式譲渡損益となります。このように自己株式の譲渡については、一つの取引の中に、みなし配当課税と株式譲渡所得課税が混在することになります。

　一般的に同族会社のオーナーに相続が発生し、相続人がその非上場株式を売却して売却代金を納税資金に充てる場合、流通性が乏しいことから、発行会社に買い取らせるケースが多く見受けられます。その場合、売却した相続人には、多額の「みなし配当」課税が課され、最高で55.945％（平成27年1月1日以降、最大45.945％の所得税・復興特別所得税＋10％の住民税）、配当控除を考慮し

ステージA （既に相続が発生）

ても最大49.545％という高い税率で課税されることとなります。

一方、譲渡した株式が上場株式の場合には、みなし配当課税はされず、現行で20.315％（平成25年までは10.147％）の上場株式の譲渡の申告分離課税で完了してしまいます[※1]ので、従来は上場株式と非上場株式との税負担の差が問題となっていました。

そこで税負担の差を是正するために、平成16年度の税制改正で、相続又は遺贈による財産の取得をした個人でその相続又は遺贈につき相続税の納税がある者が、その相続の開始があった日の翌日からその相続税の申告書の提出期限の翌日以後3年を経過する日までの間に、その相続税額に係る課税価格の計算の基礎に算入された非上場株式を、その非上場株式の発行会社に譲渡した場合について、次の措置が講じられることとなりました。

※1　この特例は、平成22年12月31日をもって廃止されました。

1．その非上場株式の譲渡の対価として、その発行会社から交付を受けた金銭の額が、その発行会社の資本等の金額のうちその交付の基因となった株式に対応する部分の金額を超えるときは、その超える部分の金額については、みなし配当課税は行わない。
2．上記1の適用を受ける金額について、株式等に係る譲渡所得等に係る収入金額とみなして、株式等に係る譲渡所得等の課税の特例が適用される。

〈イメージ図〉

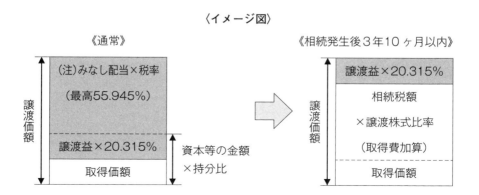

■ 具 体 例

　相続人Ａは、相続により取得したＸ社（非上場会社）株式５万株を、相続発生から１年６ヶ月後に、発行会社であるＸ社へ５億円で譲渡した。

- Ｘ社への譲渡価額（相続税評価額も同じとする）：１万円／株
- Ｘ社株式の取得価額：500円／株
- Ｘ社株式に対応する資本金等の金額：500円／株
- 相続人Ａの相続税額：２億円
- 相続人Ａの相続税課税価格：10億円（Ｘ社株式も含む）
- 所得控除・税額控除は考慮しない

１．通常の自己株式の譲渡の場合（平成27年１月１日以後）

① 所得税

　（１万円－500円）×５万株＝４億7,500万円

　４億7,500万円×45.945％－4,796,000円≒213,442,700円

② 住民税

　４億7,500万円×10％＝<u>4,750万円</u>

③ ①＋②＝260,942,700円

２．相続発生後３年10ヶ月以内に譲渡した場合

① 譲渡所得税

　{（１万円－500円）×５万株}－１億円[※2]≒３億7,500万円

　３億7,500万円×15.315％＝<u>5,625万円</u>

② 住民税

　３億7,500万円×５％＝<u>1,875万円</u>

③ ①＋②＝76,181,200円

　※２　相続財産を譲渡した場合の取得費の特例

　　　相続税や遺贈により取得した財産を、相続発生後3年10ヶ月以内に譲渡した場合には、譲渡した人の相続税額のうち、一定の方法により計算した金額を、譲渡した資産の譲渡所得の計算上控除する取得費に加算することができます。

ステージA （既に相続が発生）

(1) 譲渡した資産が土地等である場合（平成27年1月1日以後）

$$\text{その人の確定相続税額} \times \frac{\text{その人の課税価格に算入された土地等の価額}}{\text{その人の確定相続税額に係わる課税価格}}$$

(2) 譲渡した資産が土地等以外である場合（ **具体例** のケース）

$$\text{その人の確定相続税額} \times \frac{\text{その人の課税価格に算入された譲渡した資産の価額}}{\text{その人の確定相続税額に係わる課税価格}}$$

→ **具体例** では、$2億円 \times \dfrac{5億円}{10億円} = 1億円$

注意点

1．特例の対象となる非上場株式の範囲とは？

　特例の対象となる株式の発行法人については、税法上「株式会社」に限定されていますが、何をもって「株式会社」とするかについては必ずしも明らかではありません。そのため、借用概念の考え方により、会社法の概念による「株式会社」が発行した非上場株式が特例の対象となるものと解釈します。

　そのため、旧有限会社法の規定により設立された有限会社は、会社法改正後の平成18年5月1日以後に開始された相続に係る相続等により取得した持分及び出資に限り、特例の対象となる株式に該当すると考えます。

　そのため、会社法を根拠として設立したものでない外国法人が発行した株式や、医療法を根拠として設立された医療法人が発行した出資は、特例の対象となる株式には該当しません。

2．相続税申告後、更正の請求に伴い相続税額がゼロになった場合には？

　この特例は、非上場株式の取得価額と売却価額の差額について、みなし配当課税から通常の株式譲渡益課税に変更して所得税等の負担軽減を図ることにより、相続税納税資金の調達方法としての「自己株式の譲渡」をより使いやすいものにしようという狙いで設けられた制度となっております。そのため、特例の適用対象を「納付すべき相続税額のある者」に限定しています。

つまり、相続税の減額更正により納付すべき相続税額が発生しないことになった場合には、特例の要件を満たさないことになるため、金額によってはみなし配当課税になってしまい思わぬ税負担が生じるケースが考えられるので注意が必要です。

> ステージA　（既に相続が発生）

国税庁タックスアンサー

No.1477　相続により取得した非上場株式を発行会社に譲渡した場合の課税の特例

1　特例のあらまし
(1)　譲渡対価の全額を譲渡所得の収入金額とする特例

　個人が株式をその発行会社に譲渡（金融商品取引所の開設する市場における取引を除きます。）して、発行会社から対価として金銭その他の資産の交付を受けた場合、その交付を受けた金銭の額及び金銭以外の資産の価額の合計額がその発行会社の資本金等の額のうち、その交付の基因となった株式に対応する部分の金額を超えるときは、その超える部分の金額は配当所得とみなされて所得税が課税されます。

　しかし、相続又は遺贈により財産を取得して相続税を課税された人が、相続の開始があった日の翌日から相続税の申告書の提出期限の翌日以後3年を経過する日までの間に、相続税の課税の対象となった非上場株式をその発行会社に譲渡した場合においては、その人が株式の譲渡の対価として発行会社から交付を受けた金銭の額が、その発行会社の資本金等の額のうちその譲渡株式に対応する部分の金額を超えるときであっても、その超える部分の金額は配当所得とはみなされず、発行会社から交付を受ける金銭の全額が株式の譲渡所得に係る収入金額とされます。

　したがって、この場合には、発行会社から交付を受ける金銭の全額が非上場株式の譲渡所得に係る収入金額となり、その収入金額から譲渡した非上場株式の取得費及び譲渡に要した費用を控除して計算した譲渡所得金額の15％に相当する金額の所得税が課税されます。

　(注)　平成25年から平成49年までは、復興特別所得税として各年分の基準所得税額の2.1％を所得税と併せて申告・納付することになります。

(2)　相続税額を取得費に加算する特例

　また、この場合の非上場株式の譲渡による譲渡所得金額を計算するに当たり、その非上場株式を相続又は遺贈により取得したときに課された相続税額のうち、その株式の相続税評価額に対応する部分の金額を取得費に加算して収入金額から控除することができます。

　ただし、加算される金額は、この加算をする前の譲渡所得金額が限度となります。

（以下略）

ステージB 相続発生が２～３年以内にあると予想され、検討すべき事項

ステージB

10　不動産とひも付き借入金を合わせて贈与する場合の注意事項

概　要

　負担付贈与とは、受贈者に一定の債務を負担させることを条件にした財産の贈与をいいます。つまり、借入金が残っている不動産を贈与するときに、その借入金の返済も肩代わりさせるような、借金を負担させて贈与をする取引です。個人から負担付贈与を受けた場合は贈与財産の通常の取引価額から負担額を控除した価額に贈与税が課税されることになります。負担額を控除した価額がマイナスとなる場合には贈与者側に贈与税が課税されます。負担付贈与は普通の贈与とは違い注意しなければならない点があります。

具体的内容

　親から子へ負担付贈与をした場合には親、それぞれ子に以下の課税関係が生じます。

　親は不動産を譲渡したことにより、その不動産とセットであった借入金の返済義務がなくなったという利益を受けたと考えます。したがって、その不動産の取得費よりも返済義務がなくなった借入金の方が多かった場合には所得税（譲渡所得）が課税されます。

　子は親の借入金を肩代わりする代わりに不動産を手に入れたと考えるので、借入金の金額よりも手に入れた不動産の時価が高い場合は子に贈与税が課税されます。

◆ステージB◆ (相続発生が2〜3年以内にあると予想)

つまり、負担付贈与を行った場合には、贈与をした側(親)に所得税、贈与を受けた側(子)に贈与税が発生するのが基本です。

【計算例】

甲マンション
　時価　　　　　　　　　5,000万円
　甲マンションの取得費　3,000万円
　借入金の残額　　　　　4,000万円
　長男に借入金とともに贈与

親の課税関係(譲渡所得税・住民税)
　譲渡対価　　　　　　　4,000万円
　取得費　　　　　　　　3,000万円

譲渡所得
　4,000万円－3,000万円＝1,000万円

譲渡所得税・住民税
　1,000万円×20.315%(復興所得税を含む)≒203万円

子の課税関係(贈与税)
　5,000万円－4,000万円＝1,000万円
　(1,000万円－110万円)×30%－90万円＝177万円

注意点

　負担付贈与を行う場合の主な注意点は、普通の贈与は贈与を受けた側に贈与税がかかるだけですが、負担付贈与は贈与する側(譲渡所得税)とされる側(贈与税)の両方に課税が発生する可能性があるという点です。

　また、子の贈与分に対しては一定の要件を満たせば普通の贈与と同様に相続時精算課税制度の適用があります。当該不動産が多額の収入を計上し続けられるような物件である場合は、借入金が残っていたとしても早めに相続時精算課税制度を利用した負担付贈与を行ったほうが、所得税、相続税トータルで見た場合の税負担は軽減される可能性があります。

ステージB

11　税務調査で名義預金と指摘されないための状況整備の確認

概　要

　税務の世界においては、誰の財産で誰の所得であるかは、名義の如何を問わず非常に重要な問題であり、相続税や贈与税の判断において、税務トラブルの大きな要素となっています。

　一般的にわが国の経済取引には、実際の取引者とは異なる者が名義上の取引主体となる「名義貸し」という形態が日常的に存在しています。その代表的なものとして、親が自ら所有する金銭で子供等の親族の名前で預金口座を作る、いわゆる「名義預金」があります。

　そして税務上問題となるのは租税回避を目的とした名義借りです。

具体的内容

1．名義預金とは

　形式的には配偶者や子・孫などの名前で預金しているが、収入等から考えれば、実質的にはそれ以外の真の所有者がいる、つまり、それら親族に名義を借りているのに過ぎない預貯金をいいます。

　名義は被相続人のものではなくても、実質的に被相続人に係る預貯金と認められるものは、被相続人の相続財産に該当します。

2．相続税の税務調査で名義預金と指摘される場合とは

(1)　使用印鑑

　　家族名義の預金の印鑑全てが同一印鑑であり、しかも、通常被相続人が自分の預金に使用しているものと同じである場合には、名義預金と判断される可能性が強くなります。

(2) 保管状況

　預金通帳を誰が保管していたかで、名義人の判断をします。つまり、被相続人が全て自分で管理しており、名義人はそのような預金があることさえ知らなかった場合には、名義預金とみなされます。

(3) 贈与税の申告の有無

　贈与税の申告がない場合は、名義預金と判断される可能性が強くなります。預貯金は単に名義だけを変えただけでは名義預金と判断される可能性があります。

〈名義預金の判定表〉

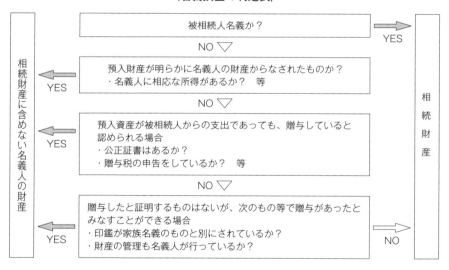

3．判決例

　判決例において、相続人名義の各預金につき、次のような取扱いがされています。

> **判例**
>
> **東京地裁　昭和54年7月30日判決**
> ① 相続人ら及び被相続人名義の定期預金が、架空名義、相続人らの名義、無記名等、合計71口に分かれており、これらに使用されていた印鑑が7個であった。
> ② ある年に、これらの定期預金が相続人等及び被相続人名義に統一されていた。
> ③ この事実によると、この7個の印鑑により当初預入された定期預金と名義統一後の定期預金に使用されている印鑑が混然としており解約、設定、振替の動き、受取利息の預入先等も混然としていた。

　①～③からこれらの預金は同一人が管理、運用していたとものであると窺われ、被相続人の生前経済の実権を有していたのは被相続人であると認められることなどを考慮すると、相続人名義となっている預金は、実際に管理、運用していた被相続人に帰属していたものと認定するのが相当であるとの判断を地裁が示しています。

注　意　点

　名義預金として判断されないようにするには実質を伴った明確な形での贈与を行っていくことが重要になってきます。

　贈与を行う際には以下のような点に注意する必要があります。

(1) **贈与による財産移転の証拠を残す**

　　夫婦や子供など特殊な関係にある者の間において行われる金銭の贈与は書面を作成して行われることが少なく、また、書面を作成して行われる場合であっても形式的なものに過ぎないことが多いので、贈与であるのか、あるいは金銭消費貸借であるのか事実認定は難しい場合が多くあります。

　　そこで、贈与の事実を明らかにするために贈与契約書を作成し、客観的にみても贈与の事実があったと認められる状況を作ります。例えば父から子に現金を贈与する場合、現金の手渡しによる方法を避け贈与契約書の作成に加え、預金間の振替による贈与とします。このことにより預金通帳に現金の移転が明らかになります。

ステージB （相続発生が2～3年以内にあると予想）

(2) 贈与した預金の管理は受贈者が行う

　前記の例のような場合、贈与後は通帳も印鑑も受贈者（例えば子）に渡し贈与者である父は贈与した財産に関与しないようにします。贈与による財産の移転とは、受贈者がその贈与された財産の使用・処分ができる状態をいいます。したがって、子に贈与したといっても通帳と印鑑を父母が所持したままでは贈与による財産の移転があったとは認められません。

ステージB

12　空室アパートの入居率UPを検討

概　　要

　相続税申告を行う上で相続税の節税に大きな影響を与えるひとつとして、小規模宅地等の特例があります。

　賃貸不動産の所有者にとっては、小規模宅地等の特例のうち課税価格が200㎡まで50％減額される貸付事業用宅地等に関心が集まります。しかしこの減額の計算上「賃貸割合」が考慮されてしまうため、その土地の上に建っているアパートに空室がある場合（一時的に空室になっている場合を除く。）には減額金額がその空室分だけ減ってしまいます。

　そこで、空室アパートの入居率UPについて検討していくことで、小規模宅地等の特例をより有効に活用する準備をしていきましょう。

具体的内容

　最初に、そもそもアパート経営にはどのような業務があるのかを見ていきましょう。アパート経営に関わる主な業務は大きく分けて次の３つになります。

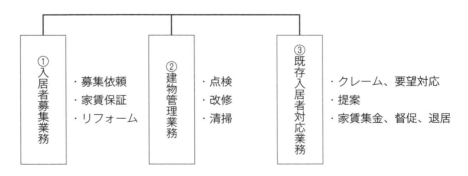

　これらの業務を「入居率をUPさせる」という視点で捉えることで、その対策を考えていきます。

ステージB　（相続発生が2〜3年以内にあると予想）

1．入居者募集業務

　アパートの賃貸は通常2年間での賃貸契約が主となっていますので、この2年間の賃貸契約が終了する時には必ず「空室リスク」が生じてしまいます。さらに年数の経過が進むと部屋の設備・仕様が時代遅れになり、この「空室リスク」は「賃料の値下げリスク」と供にますます大きくなっていきます。

　契約が終了した後の入居者の募集のポイントとしては、掛かるコスト、掛かる手間、専門知識・ノウハウの有無、募集間口の広さなどが挙げられます。オーナーが自分で入居希望者を探す方法もありますが、通常は業者に依頼する方が多いと思います。この業者選定がアパート経営の鍵を握ります。オーナーの立場になって入居希望者を集めてくれるような信頼できるパートナー選びをしましょう。

　また入居者が退居した後には、募集をするための条件を整える仕事もあります。退去後の原状回復工事やリフォーム工事の手配も入居者募集業務に含まれます。上述にもあるように部屋の設備・仕様が時代遅れになっている場合には入居者の募集条件が厳しくなり、賃料水準の維持も困難になります。そこで、退居後には原状回復工事にプラスαを加えて、壁紙を新しくする、ガス台をIHクッキングヒーターに交換するなどによりプラスαの特徴を打ち出し、入居率のUPを狙いましょう。

2．建物管理業務

　「入居率をUPさせる」という面からは後述3．と重なりますが、既存入居者の満足度が高く、契約期限が終了しても契約更新をしてくれて空室が出ないということが一番の対策となります。その観点からも、日々の建物管理業務は最も基本となる対策といえます。この点についても、信頼できるパートナーとしての管理業者選びが重要となってきます。

3．既存入居者対応業務

　多くの会社での営業がそうであるように、アパート経営においても「入居者への提案」は重要な業務です。アパートは時の経過・居住による使用により

年々価値が下落していき、それに伴って賃料も下がっていきます。したがって、現在入居している入居者は、これから入る入居者に比べ、家賃水準が高いことが一般的です。そのため、現在の入居者にできるだけ長く住んでもらうことが経営的に最も効率的です。

例えば長期で入居している人には無料でキッチンを交換したり、エアコンを交換したりといったサービスを考案し、提案することで既存入居者の流出を防止します。

具体例

小規模宅地等の特例の減額の計算上「賃貸割合」が考慮されるため、例えば10室のうち3室が空室の場合には減額金額が70％に減ってしまいます。満室の場合と3室が空室の場合の課税価格を比較してみましょう。

【ケース1】 相続税評価額 1億円の土地（400㎡）の場合の課税価格

10部屋の全てが満室

1億円 − 減額金額※2,500万円 ＝ 7,500万円

※ 小規模宅地等の特例の減額金額

$$1億円 \times \frac{200㎡}{400㎡} \times \frac{10室}{10室} \times 0.5 = 2,500万円$$

【ケース2】 同条件で賃貸割合が70％の場合の課税価格

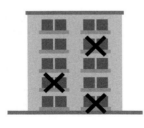

10部屋のうち3部屋が空室

1億円 − 減額金額※1,750万円 ＝ 8,250万円

※ 小規模宅地等の特例の減額金額

$$1億円 \times \frac{200㎡}{400㎡} \times \frac{7室}{10室} \times 0.5 = 1,750万円$$

ステージB　(相続発生が2～3年以内にあると予想)

■ 注 意 点 ■

　まずはアパート経営について考えてみましょう。日本は人口が減少し、それに伴い賃貸市場は供給過剰の状況に向かっています。そのような中、以前にも増して「アパートを経営する」という意識が必要になっています。アパート経営も事業である以上、利益の追求が目的となります。「収入－費用＝利益」の計算式で表される利益を上げていくことで、その利益を相続税の納税資金に充当したり、その物件を子に贈与して所得移転を実現したりする有効な対策にも繋がります。

※　また法人を設立して、その法人にそのアパートを一括貸付（サブリース）することにより、賃貸割合を常に100％に保つ対策も考えられます。

ステージB

13 養子縁組の検討

概　要

　養子縁組をすると相続税の節税になる可能性があります。具体的には、次の要因によります。

- 相続税の基礎控除が養子1人につき1,000万円増額します（平27.1.1以降は600万円）。
- 相続税の税率が下がります。
- 死亡保険金と死亡退職金の非課税枠がそれぞれ養子1人につき500万円増額します。
- 孫を養子にすれば1代とばして財産を相続させることができます

具体的内容

■基礎控除額
　（平26.12.31まで）：5,000万円＋1,000万円×法定相続人の数
　（平27. 1. 1以降）：3,000万円＋　600万円×法定相続人の数
■死亡保険金の非課税限度額：500万円×法定相続人の数
■死亡退職金の非課税限度額：500万円×法定相続人の数

　かつて養子縁組を利用し、行き過ぎた節税が横行したため、昭和63年度の税制改正により法定相続人に算入できる養子の数が次のように制限されました。

- 被相続人に実子がある場合は1人
- 被相続人に実子がない場合は2人

　ただし、特別養子縁組による養子となった者や配偶者の実子で被相続人の養子となった者等は実子とみなされ、孫養子については、相続税額が2割加算されます（相法18）。

郵便はがき

料金受取人払郵便

神田局
承認
1341

差出有効期間
平成28年3月
31日まで

1 0 1 - 8 7 9 1

5 0 3

千代田区西神田
1-1-3〈税研ビル〉

税務研究会 出版局 行

5万人の会計人と10万社が認める、信頼の税務情報

週刊税務通信

〈毎週月曜日発行・32頁〉

年間購読料 38,880円（税込）〈前払制〉

税務実務の指針
自他共に認める **No.1** 税務専門誌

法令通達 本誌は難解な情報をわかりやすく **実務解説**

実務に必要な情報・資料をどこよりも
詳細にわかりやすく、ご提供いたします。

企業会計の動向と実務の取扱いの全てがわかる。会計人必携の情報源!!

週刊経営財務

〈毎週月曜日発行・32頁〉

年間購読料 39,960円（税込）〈前払制〉

日本で唯一の
企業会計＋企業財務 の専門誌

● 制度会計、国際会計、監査、会社法制、
ディスクロージャー、内部統制、
コーポレートガバナンス・・・等
本誌はいわゆる会計モノの情報を徹底取材。
独自のノウハウで編集・報道します。

税務研究会　検索

※価格は平成26年4月1日の価格になります。

愛読者カード	購入された書籍		
お　名　前		TEL　(　　　)	
ご　住　所（〒　　－　　　）			
E-mail:			
ご　職　業		年令（　　才）	図書目録　要・不要
ご購入の動機	新聞広告（　　　　　新聞）　雑誌広告（　　　　　） 図書目録　店頭で　書評で　その他（　　　　　）		

☆この本に対するご意見、ご感想をお聞かせください。
　また、今後どのような内容のものをお望みですか。

購読申込書　平成　年　月　日

週刊「税務通信」
週刊「経営財務」

の購読を　　年　　月より申込みます。
（購読料は申込み後直ちに支払います）

※ご購読希望の週刊誌に○印をお付けください。
※本誌はいずれも書店では取扱っておりません。

送付先	（〒　－　　　）			
社名				
部課名	部　　　課		役職名	
氏名	㊞	電話	（　　－　　）番	

※個人情報の取扱いについて
　ご記入いただいた個人情報は、商品の発送、サービスの提供に使用させていただくほか、当社がおすすめする他の商品・サービスのご案内にも使用させていただく場合がございます。
　また、登録情報は、厳重に管理し、第三者に開示することは一切ございません。

ステージB (相続発生が2〜3年以内にあると予想)

〈養子・特別養子制度〉

	特別養子	普通養子
養親の制限	満25歳以上の夫婦で共に養親	成人である者
養子の制限	原則として6歳未満	養親より年少者
縁組の手続き	家庭裁判所の審判が必要	養子が未成年者でなければ当事者の届出のみ
実親等の同意	実父母の同意が必要	養子が満15歳未満のときは法定代理人が承諾する
親子関係	実方との親族関係終了	実方の親族関係は存続する
戸籍の記載	養子との文言の記載がない	養子と明記される
離縁	家庭裁判所の審判が必要 養親からの請求不可	当事者の協議で可能。養子、養親のいずれでも訴え提起可

具体例

1．養子縁組による節税の具体例

- 配偶者有り、実子1人
- 死亡保険金　5,000万円
- 死亡退職金　5,000万円
- 法定相続割合による分割を行った場合

〈相続税総額（配偶者控除考慮後）　※平26.12.31まで〉

(単位　万円)

	養子0人	養子1人	差額	養子0人	養子1人	差額	養子0人	養子1人	差額
課税対象財産	50,000			100,000			150,000		
死亡保険金非課税限度額	1,000	1,500	500	1,000	1,500	500	1,000	1,500	500
死亡退職金非課税限度額	1,000	1,500	500	1,000	1,500	500	1,000	1,500	500
基礎控除額	7,000	8,000	1,000	7,000	8,000	1,000	7,000	8,000	1,000
課税価額	41,000	39,000	▲2,000	91,000	89,000	▲2,000	141,000	139,000	▲2,000
配偶者税率と控除額	40% ▲1,700	40% ▲1,700		50% ▲4,700	50% ▲4,700		50% ▲4,700	50% ▲4,700	
子供税率と控除額	40% ▲1,700	30% ▲700		50% ▲4,700	40% ▲1,700		50% ▲4,700	50% ▲4,700	
税額	6,500	5,275	▲1,225	18,050	15,975	▲2,075	30,550	27,700	▲2,850

〈相続税総額(配偶者控除考慮後)〉　※平27.1.1以降
(単位　万円)

	養子0人	養子1人	差額	養子0人	養子1人	差額	養子0人	養子1人	差額
課税対象財産	50,000			100,000			150,000		
死亡保険金 非課税限度額	1,000	1,500	500	1,000	1,500	500	1,000	1,500	500
死亡退職金 非課税限度額	1,000	1,500	500	1,000	1,500	500	1,000	1,500	500
基礎控除額	4,200	4,800	600	4,200	4,800	600	4,200	4,800	600
課税価額	43,800	42,200	▲1,600	93,800	92,200	▲1,600	143,800	142,200	▲1,600
税率と控除額 配偶者	45% ▲2,700	45% ▲2,700		50% ▲4,200	50% ▲4,200		55% ▲7,200	55% ▲7,200	
税率と控除額 子供	45% ▲2,700	40% ▲1,700		50% ▲4,200	45% ▲2,700		55% ▲7,200	50% ▲4,200	
税額	7,155	5,917	▲1,237	19,250	17,097	▲2,152	32,345	29,527	▲2,817

2．養子縁組による遺留分対策

　遺言により財産を特定の相続人に相続させる場合に、他の相続人の遺留分を侵害するケースがあります。この場合、侵害されている相続人が裁判所に訴えを提起し、その結果、多額の代償金の支払いや財産の一部の引渡しが必要という裁決が下されることが多くあります。このような事態に陥らないためには、生前からの対策が必要です。

　養子縁組により各相続人の法定相続分を薄め、遺留分権利者の遺留分を小さくすることにより、遺留分の侵害による問題を軽減することもできます。

ステージB　（相続発生が2～3年以内にあると予想）

【ケース】　被相続人：母　相続人：長男、次男　養子縁組：長男の妻、長男の子とした場合

	ケース1：養子縁組を行わない場合		ケース2：養子縁組を行った場合	
	法定相続分	遺留分割合	法定相続分	遺留分割合
長男	$\frac{1}{2}$	$\frac{1}{4}$	$\frac{1}{4}$	$\frac{1}{8}$
長男の妻	0	0	$\frac{1}{4}$	$\frac{1}{8}$
長男の子	0	0	$\frac{1}{4}$	$\frac{1}{8}$
次男	$\frac{1}{2}$	$\frac{1}{4}$	$\frac{1}{4}$	$\frac{1}{8}$

　養子縁組をすることにより、長男家族の法定相続割合は2分の1から4分の3に増え、さらに、次男の遺留分を侵害しないように遺言をした場合には、長男家族には最大8分の7まで相続させることが可能になります。

ステージB

14 小規模宅地の特例を効果的に適用できるのかの検討

概　要

　被相続人が生前に居住用又は事業用として使用していた宅地のうち、一定の要件を満たすものについては、相続税の課税価格の計算上、小規模宅地の特例（特定居住用・事業用は80％評価減、不動産貸付は50％評価減）が適用できます。

　この特例を受ける為の適用要件を満たしているかどうかの判定は、相続開始時点とその後の利用状況で判定しますが、いざ相続が発生してから要件を充足しているか確認するのではなく、相続開始前から要件を充足しているかどうかを確認し、要件を満たしていないのであれば適用要件を満たすことが出来るかどうか検討することも重要となってきます。

具体的内容

　小規模宅地の特例とは、被相続人の相続開始直前において、被相続人又は同一生計親族の事業用、貸付用又は居住用に供されていた宅地があり、その宅地を相続する親族が一定の要件を満たしている場合に適用することができる特例をいいます。

　その宅地等の評価額から減額することが出来る金額は、次の表に掲げる区分ごとに一定の割合を乗じた金額となります。

ステージB (相続発生が2～3年以内にあると予想)

相続開始の直前における宅地等の利用区分			要件	限度面積	減額される割合
被相続人等の事業の用に供されていた宅地等	貸付事業以外の事業用の宅地等		① 特定事業用宅地等に該当する宅地等	400㎡	80%
	貸付事業用の宅地等	一定の法人に貸し付けられ、その法人の事業(貸付事業を除く)用の宅地等	② 特定同族会社事業用宅地等に該当する宅地等	400㎡	80%
			③ 貸付事業用宅地等に該当する宅地等	200㎡	50%
		一定の法人に貸し付けられ、その法人の貸付事業用の宅地等	④ 貸付事業用宅地等に該当する宅地等	200㎡	50%
		被相続人等の貸付事業用の宅地等	⑤ 貸付事業用宅地等に該当する宅地等	200㎡	50%
被相続人等の居住の用に供されていた宅地等			⑥ 特定居住用宅地等に該当する宅地等	330㎡	80%

　上記の表にありますように、小規模宅地の特例には、①特定事業用宅地等、②特定同族会社事業用宅地等、③～⑤貸付事業用宅地等、⑥特定居住用宅地等の4種類があります。①の特定事業用宅地等や②の特定同族会社事業用宅地等は不動産貸付業以外の事業(卸売業、小売業、製造業、サービス業等)を行なわれている方が適用対象となりますので、ここでは、⑥特定居住用宅地等と③～⑤貸付事業用宅地等の適用要件について確認していきます。

1. 特定居住用宅地等

　相続開始の直前において被相続人等の居住の用に供されていた宅地等で、次の区分に応じ、それぞれに掲げる要件に該当する被相続人の親族が相続又は遺贈により取得したものをいいます(次表の区分に応じ、それぞれに掲げる要件に該当する部分で、それぞれの要件に該当する被相続人の親族が相続又は遺贈により取得した持分の割合に応ずる部分に限られます。)。なお、その宅地等が2以上ある場合には、主としてその居住の用に供していた一の宅地等に限ります。

〈特定居住用宅地等の要件〉

区　分	特例の適用要件	
	取得者	取得者等ごとの要件
被相続人の居住の用に供されていた宅地等	被相続人の配偶者	「取得者ごとの要件」はありません。
	被相続人と同居していた親族	相続開始の時から相続税の申告期限まで、引き続きその家屋に居住し、かつ、その宅地等を相続税の申告期限まで有している人
	被相続人と同居していない親族	①から③の全てに該当する場合で、かつ、次の④及び⑤の要件を満たす人 ①　相続開始の時において、被相続人若しくは相続人が日本国内に住所を有していること、又は、相続人が日本国内に住所を有しない場合で日本国籍を有していること ②　被相続人に配偶者がいないこと ③　被相続人に相続開始の直前においてその被相続人の居住の用に供されていた家屋に居住していた親族で相続人（相続の放棄があった場合には、その放棄がなかったものとした場合の相続人）がいないこと ④　相続開始前３年以内に日本国内にある自己又は自己の配偶者の所有する家屋（相続開始の直前において被相続人の居住の用に供されていた家屋を除きます。）に居住したことがないこと ⑤　その宅地等を相続税の申告期限まで有していること
被相続人と生計を一にする被相続人の親族の居住の用に供されていた宅地等	被相続人の配偶者	「取得者ごとの要件」はありません。
	被相続人と生計を一にしていた親族	相続開始の直前から相続税の申告期限まで引き続きその家屋に居住し、かつ、その宅地等を相続税の申告期限まで有している人

　従来は、「二世帯住宅」として玄関が二つに分かれている建物で、建物内部で行き来ができない構造のものについては、被相続人と相続人は、別々の家屋に住んでいる取扱いとなり、相続人が住んでいる家屋部分については、小規模

ステージB　（相続発生が2〜3年以内にあると予想）

宅地の特例は適用できませんでした。

しかし、平成25年度改正により、上記の構造の建物であっても、その建物が区分所有建物に該当しなければ、相続人が住んでいる家屋部分についても小規模宅地の特例が適用できるようになりました。

また、老人ホーム等に入所したことにより、相続開始の直前において被相続人の居住の用に供されていなかった場合でも、一定の要件を満たす場合に被相続人の居住用宅地として小規模宅地の特例が適用できるようになりました。

2．貸付事業用宅地等

貸付事業用宅地等とは、相続開始の直前において被相続人等の貸付事業の用に供されていた宅地等で、次表の区分に応じ、それぞれに掲げる要件の全てに該当する被相続人の親族が相続又は遺贈により取得したものをいいます（次表の区分に応じ、それぞれに掲げる要件の全てに該当する部分で、それぞれの要件に該当する被相続人の親族が相続又は遺贈により取得した持分の割合に応ずる部分に限られます。）。

〈貸付事業用宅地等の要件〉

区　分		特例の適用要件
被相続人の貸付事業の用に供されていた宅地等	事業承継要件	その宅地等に係る被相続人の貸付事業を相続税の申告期限までに引き継ぎ、かつ、その申告期限までその貸付事業を行っていること
	保有継続要件	その宅地等を相続税の申告期限まで有していること
被相続人と生計を一にしていた被相続人の親族の貸付事業の用に供されていた宅地等	事業継続要件	相続開始の直前から相続税の申告期限まで、その宅地等に係る貸付事業を行っていること
	保有継続要件	その宅地等を相続税の申告期限まで有していること

参考となりますが、小規模宅地の特例は昭和58年に創設された制度で、評価額の減額割合や適用対象面積などは、地価の上昇やその時代の政策的な配慮などに影響を受けながら改正を重ね、今日の減額割合や適用対象面積に至っています。

〈小規模宅地等の課税の特例の推移〉

区分		昭和58年～	昭和63年～	平成4年～	平成6年～	平成11年～	平成13年～	平成27年～
事業用宅地	減額割合	40%	60%	70%	80%(注1)			
	適用対象面積	200㎡				330㎡	400㎡(注2)	
不動産貸付	減額割合	40%	60%	70%	50%			
	適用対象面積	200㎡						
居住用宅地	減額割合	30%	50%	60%	80%(注1)			
	適用対象面積	200㎡				240㎡	330㎡(注2)	

(注) 1 本特例の適用を受けるには、相続人等が相続税の申告期限（相続開始後10ヶ月）まで事業又は居住を継続する必要があります。
　　　なお、事業又は居住を継続しない宅地等については、上記の表に準じた減額が認められていたが、平成22年度改正において、相続人等による事業又は居住の継続への配慮という本特例の制度趣旨を踏まえて廃止されました。
　　2 平成25年度改正により、平成27年1月1日以後の相続・遺贈については、居住用宅地と事業用宅地（不動産貸付を除く）の完全併用が可能となりました。

（財務省HPより一部改変）

注意点

1. 相続又は遺贈で取得した宅地で、宅地上に建物又は構築物があるもののみが適用対象

小規模宅地の特例の条文は、「個人が相続又は遺贈により取得した財産のうちに、……」「事業の用又は居住の用に供されていた宅地等で財務省令で定める建物又は構築物の敷地の用に供されているもののうち……」（措法69の4①）となっているように、あくまで相続又は遺贈で取得した宅地についてのみ適用

を受けることができるのであって、相続時精算課税贈与により取得した宅地や相続開始前3年以内贈与により取得した宅地については、小規模宅地の特例は適用出来ませんので注意が必要です。

　また、宅地上には建物又は構築物がなければならないため、砂利敷きや土のままの状態で貸している青空駐車場については、宅地上に建物も構築物もないということになります。特例を受けるための適用要件を満たすために、事前にコンクリート敷きとするなど構築物に該当すると認められるような舗装を行っておくことが重要となります。

2．同族会社に貸している場合の注意点

　個人が所有している宅地を自分の経営している会社の敷地として使用しているといったことはよくあることと思われます。この場合の注意点として、個人と法人の貸借契約が使用貸借契約である場合には、その土地は自用地評価となり、さらに小規模宅地の特例も適用できません。

　そこで生前に、個人法人間の契約書の整備・地代のやり取りやその金額・無償返還の届出書の提出やその内容をしっかりと確認し、特例の適用要件を満たす必要があります。そうすることで、土地の評価額は、「自用地評価額×80％」となり、更に小規模宅地の特例により200㎡まで50％の評価減の適用を受けることができます。更に、「特定同族会社事業用宅地等」に該当すれば、400㎡まで80％の評価減を受けることができます。

ステージB

15　墓地やお墓、仏壇の事前購入の検討

概　　要

　相続税の計算は、プラスの財産（相続財産）からマイナスの財産（債務）を差し引いた課税価格から、基礎控除（3,000万円＋600万円×法定相続人の数（平成27年前は5,000万円＋1,000万円×法定相続人数））を引いた課税遺産総額を法定相続人の法定相続分に応じた取得金額にそれぞれ税率をかけたものを合算した金額が相続税の総額になります。

　相続財産の中で、墓地やお墓などは非課税財産といって相続税のかからない財産ですので、事前に購入しておくことは、相続対策の一つです。

具体的内容

1．非課税財産

　非課税財産、つまり相続税のかからない財産には、次のものがあります。

① 　皇室経済法の規定によって皇位とともに受け継がれるもの
② 　墓地、霊廟、仏壇、祭具などの日常礼拝の対象としているもの
③ 　宗教、慈善、学術、その他公益を目的とする事業を行う人が取得した財産で、その公益事業に使われることが確実なもの
④ 　心身障害者扶養共済制度にもとづく給付金の受給権
⑤ 　相続人が取得した生命保険金などのうち一定額（500万円×法定相続人の数）
⑥ 　相続人が取得した死亡退職金のうち一定額（500万円×法定相続人の数）
⑦ 　国や地方公共団体、特定の公益法人に寄付したもの
⑧ 　特定の公益信託財産とするために支出したもの

　墓地や墓石、仏壇、仏具、神棚などは一般の相続財産とは区別して承継されるものであり、また、日常礼拝の対象とされていることから非課税となります。

> ステージB　（相続発生が2～3年以内にあると予想）

2．相続税節税対策

1．でご説明しましたように、墓地や墓石などは生前に買っておけば、相続税の計算をする上では、非課税になります（社会通念上、著しく高額な墓石や仏壇は非課税とならない場合もあります。）。相続税節税対策の観点からは、手持ちの資金があれば、こうした非課税財産を購入すれば、相続税が軽減されます。相続が発生してからこれらのものを購入しても、税務上軽減される余地はありません。

特に都心では墓地や霊園としての場所がなくなり、墓地は非常に高価なものになっています。次男や三男の方で、やがて分家して墓地が必要になる方は、生前に購入して用意しておくべきです。

■ 注　意　点 ■

1．控除できる債務と控除できない債務

相続税はプラスの財産からマイナスの財産を引いて課税価格を求めますが、マイナスの財産として控除できるのは、大きく分けて葬式費用と債務です。

この債務の中で、控除できないものとして、「墓所、霊廟及び祭具等の購入、維持または管理のために生じた債務」があります。墓地や墓石等を非課税として相続財産から除くので、その未払金も債務から除くというふうに解釈されています。

つまり、せっかく生前に墓地、墓石を購入しても、ローンで購入してローンが残ってしまっていたら、相続財産を減らすことができないまま、ローンは相続人が引き継ぐことになってしまいます。

せっかく非課税財産を購入したからには、その代金は必ず決済しておいてください。お金に余裕のある方は、キャッシュで購入することをお勧めします。

2．葬式費用

一般的に葬式費用と考えられているものの中にも、税務上は葬式費用になるものとならないものがあるので、注意が必要です。

(1) 葬式費用となるもの
① 葬式若しくは葬送に際し、又はこれらの前において、埋葬、火葬、納骨又は遺がい若しくは遺骨の回送その他に要した費用（仮葬式と本葬式とを行うものにあっては、その両方の費用）
② 葬式に際し、施与した金品で、被相続人の職業、財産その他の事情に照らして相当程度と認められるものに要した費用
③ ①又は②に掲げるもののほか、葬式の前後に生じた出費で通常葬式に伴うものと認められるもの
④ 死体の捜索又は死体若しくは遺骨の運搬に要した費用

(2) 葬式費用とならないもの
① 香典返戻費用
② 墓碑及び墓地の購入費並びに墓地の借入料
③ 法会に要する費用（初七日、四十九日の費用）
④ 医学上又は裁判上の特別の処置に要した費用

ステージB （相続発生が2～3年以内にあると予想）

国税庁タックスアンサー

No.4108　相続税がかからない財産

相続税がかからない財産のうち主なものは次のとおりです。

1　墓地や墓石、仏壇、仏具、神を祭る道具など日常礼拝をしている物
　　ただし、骨とう的価値があるなど投資の対象となるものや商品として所有しているものは相続税がかかります。
2　宗教、慈善、学術、その他公益を目的とする事業を行う一定の個人などが相続や遺贈によって取得した財産で公益を目的とする事業に使われることが確実なもの
3　地方公共団体の条例によって、精神や身体に障害のある人又はその人を扶養する人が取得する心身障害者共済制度に基づいて支給される給付金を受ける権利
4　相続によって取得したとみなされる生命保険金のうち 500万円に法定相続人の数を掛けた金額までの部分
　　なお、相続税の対象となる生命保険金については相続税の課税対象になる死亡保険金で説明しています。
5　相続や遺贈によってもらったとみなされる退職手当金等のうち 500万円に法定相続人の数を掛けた金額までの部分
　　なお、遺族が受ける退職手当金、功労金については相続税の課税対象になる死亡退職金で説明しています。
6　個人で経営している幼稚園の事業に使われていた財産で一定の要件を満たすもの
　　なお、相続人のいずれかが引き続きその幼稚園を経営することが条件となります。
7　相続や遺贈によって取得した財産で相続税の申告期限までに国又は地方公共団体や公益を目的とする事業を行う特定の法人に寄附したもの、あるいは、相続や遺贈によってもらった金銭で、相続税の申告期限までに特定の公益信託の信託財産とするために支出したもの

ステージB

16 売却予定地や隣地との境界が不明な土地を生前に測量する

概　　要

　相続した土地は売却せず、そのまま所有し続けることが理想です。しかし、相続税の納税のためにやむを得ず土地を売却しなければならないという方も多くいらっしゃいます。つまり、財産のうちほとんどを不動産が占めており、相続税は多額になるのにそれに見合う金融資産がないという方です。相続税の申告・納税は相続開始から10ヶ月以内に行わなければなりません。いざ、相続税納税のために売却や物納の検討をしたときに隣地との境界が画定していないがために間に合わなかったということがないように生前に準備しておくことをおすすめします。

具体的内容

　生前に測量を行うメリットとしては大きくわけて以下の3つがあります。
① 隣接する土地との境界線を画定させることで、売却が容易になる。
② 隣接する土地との境界線を画定させることで、物納適格財産となる
③ 生前に測量を行い、測量費用を支払うことで相続財産を減らすことができる。

1．隣接する土地との境界線を画定することで、売却が容易になる

　不動産を相続税の申告期限である10ヶ月以内に換金するためには、それまでに売却をしなければなりません。売却のためには事前に土地本来の面積を確定させるための境界の確定測量が必要となります。まれに、境界が画定していないことを含んで不動産業者などが相場よりもだいぶ安い金額で購入するケースもあるようですが、通常は売却ができないと思っておいた方がいいと思います。

ステージB （相続発生が２〜３年以内にあると予想）

２．隣接する土地との境界線を画定させることで、物納適格財産となる

　国税は、金銭で納付することが原則ですが、相続税に限っては、納付すべき相続税額を納期限までに延納によっても金銭で納付することを困難とする事由がある場合には、その納付を困難とする金額を限度として、申請書及び物納手続関係書類を提出の上、一定の相続財産で納付することが認められています。これを「物納」といいます。

　物納に適さない不動産としての条件として以下のものが含まれています。

〈管理処分不適格財産〉

- ・権利の帰属について争いがある不動産
- ・境界が明らかでない土地
- ・隣接する不動産の所有者その他の者との争訟によらなければ通常の使用ができないと見込まれる不動産

　つまり、物納を選択する場合は境界確定測量が済んでいることが条件となります。

３．生前に測量を行い、測量費用を支払うことで相続財産を減らすことができる

　土地の測量には数十〜数百万円と思った以上の費用がかかることが多くあります。被相続人の相続発生前に、被相続人の負担で測量を行っておけば、当然その分の相続税の負担は減少されます。

■ 具 体 例 ■

- ・課税遺産総額　１億円
- ・相続人　子供２人
- ・測量費　500万円

【ケース１】　生前に測量をせずに相続発生後に測量を行った場合の手取額

　①　相続税

　　１億円÷２人＝5,000万円

5,000万円×20％−200万円＝800万円

　800万円×2人＝1,600万円

② 　測量費用　500万円
③ 　手取額

　1億円−1,600万円（相続税）−500万円（測量費用）＝7,900万円

【ケース２】　測量を行った後に相続が発生した場合

① 　測量費用　500万円
② 　相続税

　1億円−500万円＝9,500万円

　9,500万円÷2人＝4,750万円

　4,750万円×20％−200万円＝750万円

　750万円×2人＝1,500万円

③ 　手取額

　1億円−1,500万円（相続税）−500万円（測量費用）＝8,000万円

　8,000万円−7,900万円＝100万円

つまり、「測量費用×相続税率」分だけ節税となります。

　最後に、本当に問題となるのは、被相続人と隣接者との関係が悪かった場合です。境界画定測量では、隣接地所有者と境界の立会や承認印の受領などをします。自分達の主張する境界位置では納得してくれないがために、印がもらえないということがしばしばあります。土地の問題は感情がからみやすく、そうなると境界画定をするまでに時間がどのくらいかかるかわかりません。

　「亡くなる前にお父さんがやっておいてくれればよかったのに」とういうケースが多々あります。生前に境界確定測量を行っておくことは子孫に迷惑をかけないためにも必要といえます。

◆ステージB◆　（相続発生が2～3年以内にあると予想）

国税庁タックスアンサー

No.4214　相続税の物納
3　管理処分不適格財産及び物納劣後財産
(1)　管理処分不適格財産
　　次に掲げるような財産は、物納に不適格な財産となります。
イ　不動産
　(イ)　担保権が設定されていることその他これに準ずる事情がある不動産
　(ロ)　権利の帰属について争いがある不動産
　(ハ)　境界が明らかでない土地
　(ニ)　隣接する不動産の所有者その他の者との争訟によらなければ通常の使用ができないと見込まれる不動産
　(ホ)　他の土地に囲まれて公道に通じない土地で民法第210条の規定による通行権の内容が明確でないもの
　(ヘ)　借地権の目的となっている土地で、その借地権を有する者が不明であることその他これに類する事情があるもの
　(ト)　他の不動産（他の不動産の上に存する権利を含みます。）と社会通念上一体として利用されている不動産若しくは利用されるべき不動産又は二以上の者の共有に属する不動産
　(チ)　耐用年数（所得税法の規定に基づいて定められている耐用年数をいいます。）を経過している建物（通常の使用ができるものを除きます。）
　(リ)　敷金の返還に係る債務その他の債務を国が負担することとなる不動産
　(ヌ)　その管理又は処分を行うために要する費用の額がその収納価額と比較して過大となると見込まれる不動産
　(ル)　公の秩序又は善良の風俗を害するおそれのある目的に使用されている不動産その他社会通念上適切でないと認められる目的に使用されている不動産
　(ヲ)　引渡しに際して通常必要とされる行為がされていない不動産
　(ワ)　地上権、永小作権、賃借権その他の使用及び収益を目的とする権利が設定されている不動産で次に掲げる者がその権利を有しているもの
　　①　暴力団員による不当な行為の防止等に関する法律第2条第6号に規定する暴力団員又は暴力団員でなくなった日から5年を経過しない者（以下暴力団員等という。）
　　②　暴力団員等によりその事業活動を支配されている者
　　③　法人で暴力団員等を役員等（取締役、執行役、会計参与、監査役、理事及び監事並びにこれら以外の者で当該法人の経営に従事している者並びに支配人をいう。）とするもの
ロ　株式
　(イ)　譲渡に関して金融商品取引法その他の法令の規定により一定の手続が定められている株式で、その手続がとられていないもの
　(ロ)　譲渡制限株式
　(ハ)　質権その他の担保権の目的となっているもの
　(ニ)　権利の帰属について争いがあるもの
　(ホ)　共有に属するもの（共有者全員がその株式について物納の許可を申請する場合を除きます。）
　(ヘ)　暴力団員等によりその事業活動を支配されている株式会社又は暴力団員等を役員（取締役、会計参与、監査役及び執行役をいう。）とする株式会社が発行した株式
ハ　上記以外の財産
　　その財産の性質が上記の財産に準ずるものとして税務署長が認めるもの

（以下略）

ステージB

17　相続人に該当しない孫などへの暦年贈与の検討

概　　要

　相続や遺贈により財産を取得した人が、被相続人からその相続開始前3年以内（死亡の日から遡って3年前の日から死亡の日までの間）に生前贈与を受けた財産があるときには、その人の相続税の課税価格に贈与を受けた財産の贈与の時の価額を加算します（生前贈与加算）。

　また、その加算された贈与財産の価額に対応する贈与税の額は、加算された人の相続税の計算上控除されることになります。

具体的内容

　相続開始前3年以内にその相続に係る被相続人からの贈与により財産を取得した者（その被相続人を特定贈与者とする相続時精算課税適用者を除きます。）がその被相続人から相続又は遺贈により財産を取得しなかった場合には、その財産を取得しなかった者については、生前贈与加算の適用はありません。

　よって、3年以内に相続が発生すると予測される場合は、相続人に該当しない孫などへ暦年贈与をすることで、財産を減少させることが可能になります。

　また、孫への贈与の場合、子をとばして孫へ生前贈与するため、相続税の課税を1回免れることもできます。

具　体　例

〜生前贈与加算計算のしくみ〜（平成27年1月1日以後）

　平成27年1月2日に父から贈与財産1,000万円をもらい、177万円の贈与税を支払った。

　平成28年4月20日に父が亡くなり、相続財産1億円を相続した（相続人：配偶者、子1人）。

ステージB　（相続発生が2～3年以内にあると予想）

　相続財産1億円と、父が亡くなる3年以内の贈与財産1,000万円を合わせた財産に対する相続税額は960万円だったが、既に納付済みの贈与税が177万円ある為に納付すべき相続税額は783万円になる。

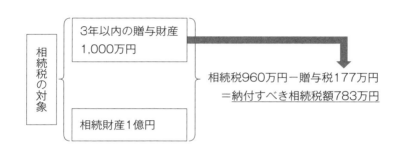

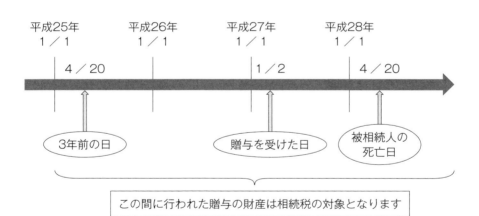

〈子へ贈与した場合と孫へ贈与した場合の比較〉

	相続税	贈与税	合計
子へ1000万円生前贈与をした場合（上記の例）	960万円	―	960万円
孫へ1000万円生前贈与をした場合	770万円	177万円	947万円

注 意 点

1．基礎控除額以下だった贈与財産も対象

　贈与税には年間110万円までは税金がかからないという基礎控除額があります。

　よくこの取り扱いによって贈与税が非課税となっているケースがありますが、このような基礎控除額以下だった贈与財産でも、相続開始前3年以内の贈与であれば、相続財産に加算して相続税の対象となります。

2．相続開始年の贈与

　贈与により財産を取得した同じ年に相続が発生した場合には、その贈与は無かったものと仮定して相続財産として取り扱われます。

　従って、贈与税の申告は必要ありません。

3．贈与税の配偶者控除は戻さない

　贈与税には婚姻期間が20年以上の配偶者から居住用財産の贈与を受けた場合に、2000万円まで非課税となる贈与税の配偶者控除という規定があります。

　この規定を受けたあと、配偶者が3年以内に亡くなった場合でも、その財産については、相続財産に加算しなくてよいことになっています。

4．加算される価額は贈与時の価額

　相続財産に加算する贈与財産の価額は、贈与時の相続税評価額になります。相続時の価額ではありません。

　たとえば相続開始のちょうど3年前に贈与を受けていた場合、現金であればその価額は変わりませんが、土地の場合には価額が変動している場合があります。

　この場合、仮に価額が値下がりしていたとしても、3年前の贈与時の価額で相続財産に加算されてしまいます。

ステージB　（相続発生が2〜3年以内にあると予想）

関連法令

租税特別措置法第70条の2の4　贈与税の基礎控除の特例

1　平成13年1月1日以後に贈与により財産を取得した者に係る贈与税については、相続税法第21条の5の規定にかかわらず、課税価格から110万円を控除する。この場合において、同法第21条の11の規定の適用については、同条中「第21条の7まで」とあるのは、「第21条の7まで及び租税特別措置法第70条の2の4（贈与税の基礎控除の特例）」とする。

2　前項の規定により控除された額は、相続税法その他贈与税に関する法令の規定の適用については、相続税法第21条の5の規定により控除されたものとみなす。

> ステージB

18 自宅や所有不動産の修繕を検討

概　要

　自宅や所有不動産の資産価値の維持・向上を図るためには、建物の経年劣化に対応した適時適切な修繕工事を行うことが大切です。実際に定期的に修繕を行っている地主さんも少なくないはずです。使わなければそのまま相続税の課税対象となる現金を修繕費として支出することで、相続財産を減らすことができます。いずれ修繕費のために支出する予定の現金であれば、相続税がかかることは極力避けたいところです。

　ここでは、生前に自宅や所有不動産の修繕を行うことによる節税効果を見ていきます。

具体的内容

1．相続税法上のメリット

(1)　相続財産を減らす

　現金の支出は有効な相続税対策です。生前に修繕費として現金を支出することで課税対象となる相続財産を減らすことができます。

(2)　修繕した部分の建物の評価

　一方、修繕費として支出した現金は建物として評価されることになります。建物の相続税評価額は以下の算式で計算されます。

> 固定資産税評価額×1.0

　固定資産税評価額は、建築当初かかった建築費のおおむね50％〜70％です。また、その後の経過年数により、減価償却費用相当分が順次減額されていきます。

　修繕を行った建物は従前よりも資産価値が上がっていることでしょう。し

ステージB （相続発生が2～3年以内にあると予想）

かし、現金として相続するよりも建物として相続した方が、相続税の課税対象は小さくなるのです。

また、増改築等に係る家屋の状況に応じた固定資産税評価額が付されていない家屋の取扱いは下表のとおりになります。

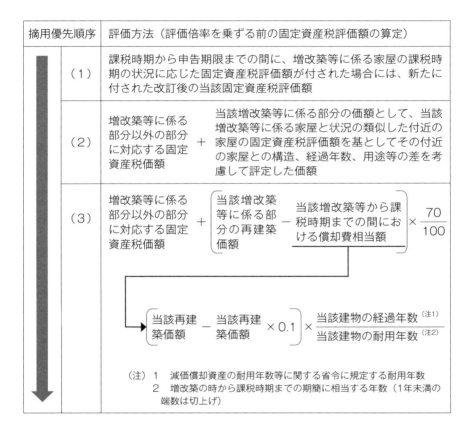

2．所得税法上のメリット

(1) 修繕費は必要経費となる

不動産賃貸業を営んでいる方が行った賃貸物件に対する修繕費は、その年の必要経費となり課税所得を小さくしてくれます。なお、その支出が資本的支出である場合には、減価償却の方法により各年分の必要経費に算入します。

(2) **修繕費となる支出**

通常の維持管理や修理または原状回復の費用であれば修繕費となります。

具体的には、壁の塗り替え、畳の表替え、カーテンの取り替え費用（1室10万円未満）、蛍光灯からLEDランプへの交換費用などです。また、屋根の雨漏りを防ぐために応急的に行った防水工事が、工事を行わないと使用できる期間が短縮されてしまうため、維持管理のための修繕費として妥当であるとして認められた例もあります（平成13年9月20日裁決）。

このような修繕費と資本的支出の区別は、修繕や改良という名目によるのではなく、その実質によって判定します。

なお、次に掲げる支出については、その支出を修繕費として所得金額の計算を行い確定申告をすれば、その年分の必要経費に算入することができます。

・おおむね3年以内の期間を周期として行われる修理、改良などであるとき、又は一つの修理、改良などの金額が20万円未満のとき
・一つの修理、改良などの金額のうちに資本的支出か修繕費か明らかでない金額がある場合で、その金額が60万円未満のとき又はその資産の前年末の取得価額のおおむね10％相当額以下であるとき

(3) **資本的支出**

一般に修繕費といわれるものでも資産の使用可能期間を延長させたり、資産の価額を増加させたりする部分の支出は資本的支出とされます。

具体的には、建物の避難階段の取付け、用途変更のための模様替えなどです。

3．その他のメリット

修繕した建物は資産価値があがり、もし売却することになっても処分がしやすくなります。また、メンテナンスの行き届いた賃貸物件は空室率も下がり、長く住んでもらえるというメリットもあります。

■ **具 体 例** ■

・相続税は改正後の基礎控除額及び税率で計算しています。

ステージB （相続発生が2～3年以内にあると予想）

- 所得税は復興特別所得税を含みます。また他の所得や所得控除等は考慮しておりません。
- 被相続人……不動産賃貸業

 収入金額2,000万円／年、必要経費800万円／年
- 相続人 ……配偶者と子1人

 ⇒基礎控除額3,000万円＋600万円×2人＝4,200万円
- 所有財産
    ① 建物………………………1億円
    ② 現金………………………1億円
    ③ その他の資産 …………5億円
    ④ 相続財産 ①～③の計＝7億円
- 修繕のために支出した現金　1,000万円

1．相続税の節税額

(1) **修繕を行わなかった場合**

 課税遺産総額　7億円－4,200万円＝6億5,800万円

 相続税の総額　2億4,500万円

(2) **修繕を行った場合**

 課税遺産総額　7億円－1,000万円※1＋500万円※2－4,200万円

 ＝6億5,300万円

 相続税の総額　2億4,250万円

 ※　1　修繕のために支出した現金

 　　2　1,000万円×60％－100万円（減価償却費）＝500万円（概算）

(3) (2)－(1)＝△250万円

2．所得税・住民税の節税額

(1) **修繕を行わなかった場合**

 課税所得　2,000万円－800万円＝1,200万円

 所得税額・住民税額　1,200万円×43.693％－1,568,256円≒367万円

(2) 修繕を行った場合（修繕費として全額が費用計上）

　　課税所得　　2,000万円－800万円－1,000万円＝200万円

　　所得税額・住民税額　　200万円×15.21％－99,548円≒20万円

(3) (2)－(1)＝△347万円

注意点

現金の支出がありますので、相続発生時に納税資金が足りないといったことも考えられます。長期的な計画に則って、必要な修繕を行うようにしましょう。

〈「資本的支出」と「修繕費」判定のフローチャート〉

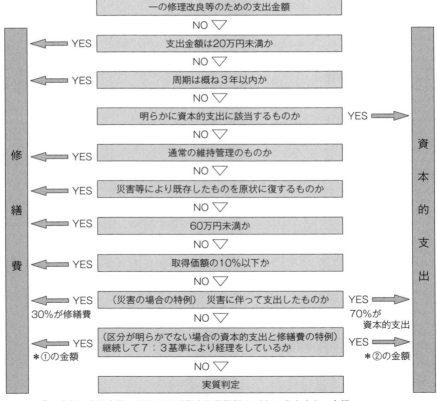

＊①の金額　支出金額×30％又は前期末取得価額の10％のうち少ない金額
＊②の金額　支出金額－①の金額

ステージB (相続発生が2～3年以内にあると予想)

関連法令

法人税基本通達7-8-1　資本的支出の例示

　法人がその有する固定資産の修理、改良等のために支出した金額のうち当該固定資産の価値を高め、又はその耐久性を増すこととなると認められる部分に対応する金額が資本的支出となるのであるから、例えば次に掲げるような金額は、原則として資本的支出に該当する。

(1)　建物の避難階段の取付等物理的に付加した部分に係る費用の額
(2)　用途変更のための模様替え等改造又は改装に直接要した費用の額
(3)　機械の部分品を特に品質又は性能の高いものに取り替えた場合のその取替えに要した費用の額のうち通常の取替えの場合にその取替えに要すると認められる費用の額を超える部分の金額
　　（注）　建物の増築、構築物の拡張、延長等は建物等の取得に当たる。

ステージB

19 連れ子がいる場合に戸籍上の子となっているかの確認

概　　要

　配偶者と結婚し、新たな家庭を築く際、一方若しくは双方の子供がすでにいるケースもあるかと思います。親の立場からしてみれば、実子・連れ子関係なく慈しむ気持ちがあり、将来の相続のときも分け隔てなく財産を分割する希望もあるでしょう。

　しかしながら相続税の計算上では、実子と連れ子で取り扱いが異なってくるのです。

具体的内容

1．連れ子を被相続人の養子として養子縁組手続きをしていない場合

　民法で定められている法定相続人の種類と順位に関する規定（民法887ないし、890）によると、相続人となるのは死亡した被相続人と親族関係がある者のうち、配偶者＋血族関係がある親族に限られています。

　このうち「血族関係がある親族」とは、具体的には①実の子供である実子及び養子縁組手続きをした養子（それぞれ代襲相続人を含む）、②両親、両祖父母等の直系尊属、③兄弟姉妹（それぞれの子を含む）となります。

　配偶者の連れ子（【図1】では連れ子A）については、被相続人から見て①・②・③いずれの親族関係にも当てはまらないため、被相続人と血族関係があるとは見られず、たとえ他の子供たち（【図1】では子B・C）と同様に被相続人と一緒に生活していたとしても、このままでは相続人とはなりません。

ステージB （相続発生が2〜3年以内にあると予想）

【図1】

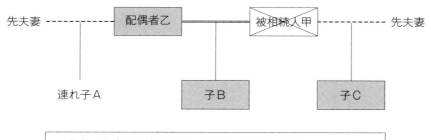

配偶者乙と実子である子B・子Cが相続人となる。
→このままだと連れ子Aは被相続人甲の相続人になれない

2. 連れ子を養子として手続きしている場合

1．で、相続人となるのは死亡した被相続人と親族関係がある者のうち、配偶者＋血族関係がある親族に限られている点を確認いたしました。では、配偶者の連れ子を被相続人の養子として縁組した場合はどうなるのでしょうか。

養子縁組をすることによって、手続きをした被相続人と連れ子の両者間に法律上の親子としての血縁関係が発生することとなります。その結果、連れ子は法定相続人になれるのです（【図2】では養子A）。

【図2】

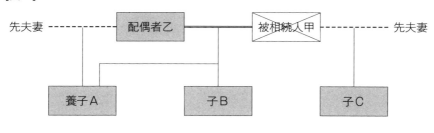

被相続人甲の生前に、連れ子Aを甲の養子にする。
→　子B・Cと同様に、養子Aも被相続人甲の相続人となる

※　養子縁組していなくても、遺言書を書くことにより、連れ子Aに財産を遺贈させることは可能。

■ 注 意 点 ■

　相続人の中に養子がいる場合、法定相続人の数を数える場合に注意が必要です。相続税の基礎控除額、生命保険金の非課税限度額、死亡退職金の非課税限度額、相続税の総額の計算については、法定相続人の数を基準に計算いたしますが、その場合の法定相続人の数に含める被相続人の養子の数は、一定数に制限されています。

　具体的には、被相続人に実子がいる場合の養子は一人まで、被相続人に実子がいない場合には、養子は二人までとされています。

　ただし、今回のケースのように、「被相続人の配偶者の実の子供で被相続人の養子となっている相続人」、つまり連れ子の場合は、法定相続人を数える際は人数の制限なく「実子」と同様に扱われ、法定相続人の数にカウントされます。

ステージB (相続発生が2～3年以内にあると予想)

関連法令

相続税法第15条第2項　遺産に係る基礎控除

前項の相続人の数は、同項に規定する被相続人の民法第5編第2章（相続人）の規定による相続人の数（当該被相続人に養子がある場合の当該相続人の数に算入する当該被相続人の養子の数は、次の各号に掲げる場合の区分に応じ当該各号に定める養子の数に限るものとし、相続の放棄があつた場合には、その放棄がなかつたものとした場合における相続人の数とする。）とする。

一　当該被相続人に実子がある場合又は当該被相続人に実子がなく、養子の数が1人である場合　1人
二　当該被相続人に実子がなく、養子の数が2人以上である場合　2人

ステージC　相続発生が3年以上先であると予想され、検討すべき事項

ステージC❶生前贈与

20　30歳未満の子や孫への教育資金贈与

概　要

　平成25年4月1日から平成27年12月31日までの間に、個人（30歳未満の方に限ります。以下「受贈者」といいます。）が、教育資金に充てるため、金融機関等との一定の契約に基づき、受贈者の直系尊属（祖父母等）から①信託受益権を付与された場合、②書面による贈与により取得した金銭を銀行等に預け入れをした場合又は③書面による贈与により取得した金銭等で証券会社等で有価証券を購入した場合（以下、これら①～③の場合を「教育資金口座の開設」といいます。）には、これらの信託受益権又は金銭等の価額のうち1,500万円までの金額に相当する部分の価額については、金融機関等の営業所等を経由して教育資金非課税申告書を提出することにより贈与税が非課税となります。

　その後、受贈者が30歳に達するなどにより、教育資金口座に係る契約が終了した場合には、非課税拠出額から教育資金支出額（学校等以外に支払う金銭については、総額1,500万円の枠内で500万円を限度とします。）を控除した残額があるときは、その残額が契約が終了した日の属する年に贈与があったこととされます。

ステージC （相続発生が3年以上先であると予想）

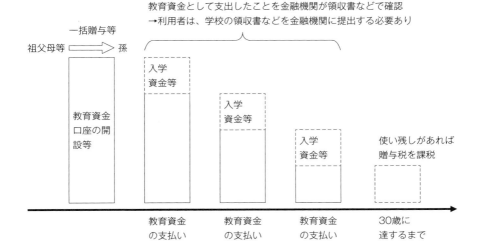

具体的内容

1. 教育資金とは
(1) 学校等に対して直接支払われる次の金銭で一定のもの
   ① 入学金、授業料、入園料、保育料または入学（園）試験の検定料など
   ② 学用品費、修学旅行費、学校給食費など学校等における教育に伴って必要な費用など

   なお、学校等とは次のものをいいます。
   ・学校教育法上の幼稚園、小・中学校、高等学校、大学（院）、専修学校、各種学校
   ・外国の教育施設
      外国にあるもの→その国の学校教育制度に位置づけられている学校、日本人学校、私立在外教育施設
      国内にあるもの→インターナショナルスクール（国際的な認証機関に認証されたもの）、外国人学校（文部科学大臣が高校担当として指定したもの）、外国大学の日本校、国際連合大学
   ・認定こども園又は保育所など

(2) 学校等以外に対して直接支払われる次のような金銭で社会通念上相当と認められるもの
　① 役務提供又は指導を行う者（学習塾や水泳教室など）に直接支払われるもの
　　(イ) 教育（学習塾、そろばんなど）に関する役務の提供の対価や施設の使用料など
　　(ロ) スポーツ（水泳、野球など）又は文化芸術に関する活動（ピアノ、絵画など）その他教養の向上のための活動に係る指導への対価など
　　(ハ) (イ)の役務提供又は(ロ)の指導で使用する物品の購入に要する費用
　② (2)①以外（物品の販売店など）に支払われるもの
　　(イ) (1)②に充てるための金銭であって、学校等が必要と認めたもの

2．申告

受贈者は、本特例の適用を受けようとする旨等を記載した「教育資金非課税申告書」を金融機関を経由し、受贈者の納税地の所轄税務署長に提出しなければならないとされています。

また、受贈者が既に教育資金非課税申告書を提出している場合（教育資金非課税申告書に記載された金額が1,500万円に満たない場合に限る）において、新たに直系尊属から教育資金の贈与を受けた場合には、「追加教育資金非課税申告書」をその金融機関を経由して受贈者の納税地の所轄税務署長に提出することとされています。

なお、教育資金非課税申告書は、教育資金管理契約に係る預金等の額がゼロとなってその金融機関と終了の合意をした場合を除き、一箇所しか提出できません。

3．払出しの確認

受贈者は払い出した金銭を教育資金の支払いに充てた場合には、領収書等に記載された支払年月日から１年以内に、それ以外の場合には支払年月日の属する年の翌年３月15日までに金融機関までに領収書等を提出する必要があります。

ステージC （相続発生が３年以上先であると予想）

なお、払い出された金銭の合計額がその年中に教育資金の支払に充てた領収書等合計額を下回るときは、払い出した金銭の合計額が教育資金に充てたものとされます。

金融機関は提出された書類により払い出された金銭が教育資金に充当されたことを確認し、その確認した金額を記録するとともに当該書類及び記録を受贈者が30歳に達した日の翌年の３月15日後６年を経過する日まで保存しなければならないとされています。

４．終了時

(1) 受贈者が30歳に達した場合

① 調書の提出

金融機関は本特例の適用を受けて信託等がされた金銭等の合計額（以下、非課税拠出金という）及び契約期間中に教育資金として払い出した金額の合計額（学校等以外の者に支払われた金銭のうち500万円を超える部分を除く。以下、教育資金支出額という）その他の事項を記載した調書を受贈者の納税地の所轄税務署長に提出しなければならないとされています。

② 残額の取扱い

非課税拠出額から教育資金支出額を控除した残額については、受贈者が30歳に達した日に贈与があったものとして贈与税が課税されます。

(2) 受贈者が死亡した場合

① 調書の提出

金融機関は、受贈者の死亡を確認した場合には、その旨を記載した調書を受贈者の納税地の所轄税務署長に提出しなければならないとされています。

② 残額の取扱い

非課税拠出額から教育資金支出額を控除した残額については、贈与税は課税されません。

5．効 果

　相続という側面から見ると、祖父母から孫への教育資金贈与は次世代（子）を飛ばした財産移転となります。つまり祖父母の相続財産を圧縮するだけでなく、子の教育費の支出を助けることになり、子の財産形成にも貢献することができます。

注 意 点

　直系尊属から一括贈与を受けた教育資金以外の下記の教育資金についても贈与税は非課税となります。

・夫婦や親子、兄弟姉妹などの扶養義務者から教育費に充てるために取得した財産で、通常必要と認められるもの

　　※　教育費とは、学費や教材費、文具費などをいいます。

　なお、贈与税がかからない財産は、教育費として必要な都度直接これらに充てるためのものに限られます。したがって、教育費の名目で贈与を受けた場合であっても、それを預金したり株式や不動産などの買入資金に充てている場合には贈与税がかかることになります。

ステージC （相続発生が3年以上先であると予想）

> 関連法令

第70条の2の2第1項　直系尊属から教育資金の一括贈与を受けた場合の贈与税の非課税

　平成25年4月1日から平成31年3月31日までの間に、個人（教育資金管理契約を締結する日において30歳未満の者に限る。）が、その直系尊属と信託会社（信託業法第3条又は第53条第1項の免許を受けたものに限るものとし、金融機関の信託業務の兼営等に関する法律により同法第1条第1項に規定する信託業務を営む同項に規定する金融機関を含む。次項において「受託者」という。）との間の教育資金管理契約に基づき信託の受益権（以下この項及び第4項において「信託受益権」という。）を取得した場合、その直系尊属からの書面による贈与により取得した金銭を教育資金管理契約に基づき銀行等（銀行その他の預金又は貯金の受入れを行う金融機関として政令で定める金融機関をいう。次項及び第4項において同じ。）の営業所、事務所その他これらに準ずるものでこの法律の施行地にあるもの（第7項を除き、以下この条において「営業所等」という。）において預金若しくは貯金として預入をした場合又は教育資金管理契約に基づきその直系尊属からの書面による贈与により取得した金銭若しくはこれに類するものとして政令で定めるもの（以下この条において「金銭等」という。）で金融商品取引法第2条第9項に規定する金融商品取引業者（同法第28条第1項に規定する第一種金融商品取引業を行う者に限る。次項及び第4項において同じ。）の営業所等において有価証券を購入した場合には、当該信託受益権、金銭又は金銭等の価額のうち1500万円までの金額（既にこの項の規定の適用を受けて贈与税の課税価格に算入しなかつた金額がある場合には、当該算入しなかつた金額を控除した残額）に相当する部分の価額については、贈与税の課税価格に算入しない。

ステージC❶生前贈与

21　住宅取得用資金のかけこみ贈与を検討

概　要

　平成24年1月1日から平成26年12月31日までの間に、父母や祖父母などの直系尊属から住宅取得等資金の贈与を受けた受贈者が、贈与を受けた年の翌年3月15日までにその住宅取得等資金を自己の居住の用に供する家屋の新築若しくは取得又はその増改築等の対価に充てて新築若しくは取得又は増改築等をし、その家屋を同日までに自己の居住の用に供したとき又は同日後遅滞なく自己の居住の用に供することが確実であると見込まれるときには、住宅取得等資金のうち一定金額について贈与税が非課税となります（措法70の2、70の3）。

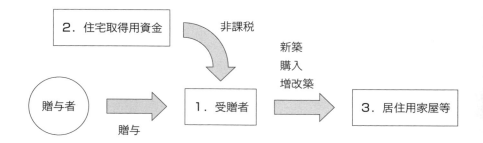

具体的内容

1．受贈者の要件

　次の要件の全てを満たす受贈者が非課税の特例の対象となります。

(1) **次のいずれかに該当する者であること**

① 贈与を受けた時に日本国内に住所を有すること

② 贈与を受けた時に日本国内に住所を有しないものの日本国籍を有し、かつ、受贈者又は贈与者がその贈与前5年以内に日本国内に住所を有したことがあること

③ 贈与を受けた時に、日本国内に住所も日本国籍も有しないが、贈与者が日本国内に住所を有していること
(2) 贈与を受けた時に贈与者の直系卑属（子や孫など）であること
(3) 贈与を受けた年の１月１日において20歳以上であること
(4) 贈与を受けた年の合計所得金額が2,000万円以下であること

２．住宅取得等資金の範囲

住宅取得等資金とは、受贈者が自己の居住の用に供する家屋を新築若しくは取得又は自己の居住の用に供している家屋の増改築等の対価に充てるための金銭をいいます。

なお、居住用の家屋の新築若しくは取得又はその増改築等には、次のものも含まれます。
・その家屋の新築若しくは取得又は増改築等とともにするその家屋の敷地の用に供される土地や借地権などの取得
・住宅用の家屋の新築（住宅取得等資金の贈与を受けた日の属する年の翌年３月15日までに行われたものに限ります。）に先行してするその敷地の用に供される土地や借地権などの取得

ただし、受贈者の一定の親族など受贈者と特別の関係がある者との請負契約等により新築若しくは増改築等をする場合又はこれらの者から取得する場合には、この特例の適用を受けることはできません。受贈者の一定の親族など受贈者と特別の関係がある者とは、次の者をいいます。
① 受贈者の配偶者及び直系血族
② 受贈者の親族（①以外の者）で受贈者と生計を一にしているもの
③ 受贈者と内縁関係にある者及びその者の親族でその者と生計を一にしているもの
④ ①から③に掲げる者以外の者で受贈者から受ける金銭等によって生計を維持しているもの及びその者の親族でその者と生計を一にしているもの

3．居住用の家屋及びその増改築等の要件
(1) 居住用の家屋の要件
　居住用の家屋とは、次の要件を満たす日本国内にある家屋をいいます。

　なお、居住の用に供する家屋が二つ以上ある場合には、贈与を受けた者が主として居住の用に供すると認められる一つの家屋に限ります。

①　家屋の登記簿上の床面積（区分所有の場合には、その区分所有する部分の床面積）が50㎡以上240㎡以下であること。

②　購入する家屋が中古の場合は、家屋の構造によって次のような制限があります。

　(イ)　耐火建築物である家屋の場合は、その家屋の取得の日以前25年以内に建築されたものであること。

　(ロ)　耐火建築物以外の家屋の場合は、その家屋の取得の日以前20年以内に建築されたものであること。

　　　ただし、地震に対する安全性に係る基準に適合するものとして、一定の「耐震基準適合証明書」、「住宅性能評価書の写し」又は既存住宅売買瑕疵担保責任保険契約が締結されていることを証する書類により証明されたものについては、建築年数の制限はありません。

③　床面積の2分の1以上に相当する部分が専ら居住の用に供されるものであること。

(2) 増改築等の要件
　特例の対象となる増改築等とは、贈与を受けた者が日本国内に所有し、かつ、自己の居住の用に供している家屋について行われる増築、改築、大規模の修繕、大規模の模様替その他の工事のうち一定のもので次の要件を満たすものをいいます。

①　増改築等の工事に要した費用が100万円以上であること。なお、居住用部分の工事費が全体の工事費の2分の1以上でなければなりません。

②　増改築等後の家屋の床面積の2分の1以上に相当する部分が専ら居住の用に供されること。

③　増改築等後の家屋の登記簿上の床面積（区分所有の場合には、その区分

所有する部分の床面積)が50㎡以上240㎡以下であること。

4．非課税限度額

住宅の種類＼贈与年	平成24年	平成25年	平成26年
省エネ等住宅※1	1,500万円	1,200万円	1,000万円
上記以外の住宅	1,000万円	700万円	500万円

※1 「省エネ等住宅」とは、省エネ等基準（省エネルギー対策等級4相当以上であること、耐震等級（構造躯体の倒壊等防止）2以上であること又は免震建築物であることをいいます。）に適合する住宅用の家屋であることにつき、住宅性能証明書、建設住宅性能評価書の写し、又は長期優良住宅認定通知書の写し及び認定長期優良住宅建築証明書などを、贈与税の申告書に添付することにより証明がされたものをいいます。

2 既に非課税の特例の適用を受けて贈与税が非課税となった金額がある場合には、その金額を控除した残額が非課税限度額になります。

5．非課税の特例の適用を受けるための手続

① 贈与を受けた年の翌年2月1日から3月15日までの間に
② この特例の適用を受ける旨を記載した贈与税の申告書を納税地の所轄税務署に提出
③ ②に計算明細書、戸籍の謄本、住民票の写し、登記事項証明書、新築や取得の契約書の写しなど一定の書類を添付

6．相続時精算課税制度との併用が可能

住宅取得等資金の贈与について相続時精算課税制度を適用する場合には、この非課税の特例適用後の差引金額から、特別控除額の2,500万円を控除することができます。（詳細は■具体例■を参照のこと）

■ 具 体 例

1．前提条件

　平成25年に父（61歳）から4,000万円の金銭の贈与を受け、土地とともに省エネ住宅を購入し年内に居住した。

2．贈与税の計算

① 贈与財産の価額　4,000万円

② 贈与税の課税価格

　4,000万円 － 1,200万円※ ＝ 2,800万円

　　※　非課税の特例を適用

③ 贈与税額

　（2,800万円 － 2,500万円※）× 20％ ＝ 60万円

　　※　相続時精算課税の特別控除額

3．相続時精算課税制度の適用について

　相続時精算課税制度の贈与者の年齢要件は「65歳以上」となっていますが、その贈与財産が「住宅取得等資金」である場合に限り、65歳未満でも適用が可能となります（平成26年12月31日まで）。

■ 注 意 点

1．住宅取得等資金について

　この非課税の特例の規定は対象となる贈与財産が「金銭」に限られていますので、上場株式を親から子へ贈与して、子がその上場株式を換金して住宅を取得しても「金銭の贈与には該当しない」ため、この規定の適用を受けることはできません。この場合は、親が上場株式を換金してから、子に贈与するようにしましょう。居住用の不動産を贈与した場合や、住宅ローン返済のための金銭を贈与した場合も同様にこの規定の適用を受けることはできません。

ステージC　（相続発生が3年以上先であると予想）

2．建物の取得時期について

　「新築」には、贈与を受けた年の翌年3月15日において屋根（その骨組みを含みます）を有し、土地に定着した建造物として認められる時以後の状態にあるものが含まれます。

また「増改築等」についても、同様に増築又は改築部分の屋根（その骨組みを含みます）を有し、既存の家屋と一体となったものが含まれます。

　なお「取得」の場合には、これらの状態にあるものが含まれませんので、建売住宅又は分譲マンションの取得のときは、贈与を受けた年の翌年3月15日までにその引渡を受けていなければ、この規定の適用は受けることができません。

3．税制改正について

　平成27年度税制改正により、親や祖父母から住宅取得等資金の贈与を受けた場合の贈与税の非課税措置について、非課税限度額を次のとおりとしたうえで、その適用期限が平成31年6月30日まで延長されました。

第❷部 ステージ別で考える相続対策ABC

〈耐震・エコ・バリアフリー住宅(注1)の場合〉

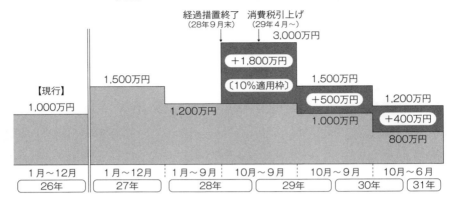

〈一般住宅の場合〉

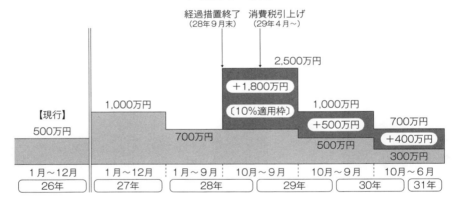

(注)1 平成27年より、バリアフリー住宅を追加するとともに、エコ住宅の要件を見直し(一次エネルギー消費量等級4以上の住宅を追加)。
　　2 東日本大震災の被災者については、非課税枠(耐震・エコ・バリアフリー住宅:1,500万円、一般住宅:1,000万円)を31年6月末まで継続。
　　　ただし、消費税率10%が適用される住宅購入者の28年10月から29年9月までの非課税枠については、耐震・エコ・バリアフリー住宅:3,000万円、一般住宅:2,500万円。
　　3 住宅取得等資金に係る相続時精算課税の特例(贈与者の年齢が65歳未満の場合でも相続時精算課税の適用が可能)についても、31年6月末まで継続。

◆取得した家屋等に係る消費税率が10%である場合、上積み部分が加算された金額(上記図解の【現行】部分▨+【10%適用枠】部分▨の金額の合計額)が限度額となる。消費税率が8%である場合、上積み部分は加算されない。(上記図解【現行】部分▨が限度額となる。)
◆【10%適用枠】は、28年9月以前の非課税枠の適用を受けた者でも、再適用可。

> ステージC （相続発生が3年以上先であると予想）

関連法令

租税特別措置法第70条の2第1項　直系尊属から住宅取得等資金の贈与を受けた場合の贈与税の非課税

　平成27年1月1日から平成31年12月31日までの間にその直系尊属からの贈与により住宅取得等資金の取得をした特定受贈者が、次に掲げる場合に該当するときは、当該贈与により取得をした住宅取得等資金のうち住宅資金非課税限度額（既にこの項の規定の適用を受けて贈与税の課税価格に算入しなかった金額がある場合には、当該算入しなかった金額を控除した残額）までの金額又は特別住宅資金非課税限度額（既にこの項の規定の適用を受けて贈与税の課税価格に算入しなかった金額がある場合（平成28年9月30日までに次項第6号に規定する住宅用の家屋の新築、取得又は増改築等に係る契約を締結してこの項の規定の適用を受けた場合を除く。）には、当該算入しなかった金額を控除した残額）までの金額（平静28年10月1日以後に住宅用の家屋の新築、取得又は増改築等に係る契約を締結してこの項の規定の適用を受ける場合には、これらの金額のうちいずれか多い金額）については、贈与税の課税価格に算入しない。

一　特定受贈者が贈与により住宅取得等資金の取得をした日の属する年の翌年3月15日までに当該住宅取得等資金の全額を住宅用家屋の新築若しくは建築後使用されたことのない住宅用家屋の取得又はこれらの住宅用家屋の新築若しくは取得とともにするその敷地の用に供されている土地若しくは土地の上に存する権利（以下この項及び次項において「土地等」という。）の取得（当該住宅用家屋の新築に先行してするその敷地の用に供されることとなる土地等の取得を含む。同項第5号イにおいて同じ。）のための対価に充てて当該住宅用家屋の新築（新築に準ずる状態として財務省令で定めるものを含む。）をした場合又は当該建築後使用されたことのない住宅用家屋の取得をした場合において、同日までに新築若しくは取得をしたこれらの住宅用家屋を当該特定受贈者の居住の用に供したとき、又は新築若しくは取得をしたこれらの住宅用家屋を同日後遅滞なく当該特定受贈者の居住の用に供することが確実であると見込まれるとき（これらの住宅用家屋の新築又は取得に係る契約を平成31年6月30日までに締結している場合に限る。）。

二　特定受贈者が贈与により住宅取得等資金の取得をした日の属する年の翌年3月15日までに当該住宅取得等資金の全額を既存住宅用家屋の取得又は当該既存住宅用家屋の取得とともにするその敷地の用に供されている土地等の取得のための対価に充てて当該既存住宅用家屋の取得をした場合において、同日までに当該既存住宅用家屋を当該特定受贈者の居住の用に供したとき、又は当該既存住宅用家屋を同日後遅滞なく当該特定受贈者の居住の用に供することが確実であると見込まれるとき（当該既存住宅用家屋の取得に係る契約を平成31年6月30日までに締結している場合に限る。）。

三　特定受贈者が贈与により住宅取得等資金の取得をした日の属する年の翌年3月15日までに当該住宅取得等資金の全額を当該特定受贈者が居住の用に供している住宅用の家屋について行う増改築等又は当該家屋についての当該増改築等とともにするその敷地の用に供されることとなる土地等の取得の対価に充てて当該住宅用の家屋について当該増改築等（増改築等の完了に準ずる状態として財務省令で定めるものを含む。）をした場合において、同日までに増改築等をした当該住宅用の家屋を当該特定受贈者の居住の用に供したとき、又は増改築等をした当該住宅用の家屋を同日後遅滞なく当該特定受贈者の居住の用に供することが確実であると見込まれるとき（当該住宅用の家屋の増改築等に係る契約を平成31年6月30日までに締結している場合に限る。）。

ステージC❶生前贈与

22 贈与税の配偶者控除への贈与の活用

概　　要

　贈与税の配偶者控除とは、婚姻期間が20年以上である夫婦間で居住用不動産又はそれを取得するための金銭を贈与したときには、贈与財産の価額から2,000万円の控除が受けられる制度です。贈与税には基礎控除（110万円）がありますので、贈与財産が2,110万円以下であれば贈与税はかかりません（相法21の6）。この制度は、配偶者の生活保障や財産形成に対する貢献などを考慮して設けられています。

　なお、居住用不動産を贈与する場合の価額は、相続税と同じ評価方法です。土地は路線価※をベースに評価し、建物は固定資産税の評価額になります。ただし、小規模宅地等の評価減は相続税の規定ですので、贈与税では使えません。

　※　固定資産税の評価額に倍率を乗じる地域もあります。

〈夫婦間贈与の特例・判定フローチャート〉

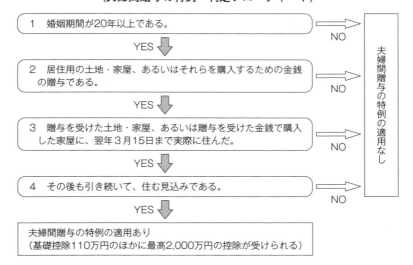

ステージC （相続発生が3年以上先であると予想）

■ 具体的内容 ■

1．居住用不動産の範囲

　この場合の居住用不動産は、贈与を受けた配偶者が居住するための国内の家屋又はその家屋の敷地です。居住用家屋の敷地には借地権も含まれます。

　なお、居住用家屋とその敷地は一括して贈与を受ける必要はありません。

　したがって、居住用家屋のみあるいは居住用家屋の敷地のみ贈与を受けた場合も配偶者控除を適用できます。この居住用家屋の敷地のみの贈与について配偶者控除を適用する場合には、次のいずれかに当てはまることが必要です。

(1)　夫又は妻が居住用家屋を所有していること。

(2)　贈与を受けた配偶者と同居する親族が居住用家屋を所有していること。

　この具体的な事例を2．に説明します。

　(イ)　妻が居住用家屋を所有していて、その夫が敷地を所有しているときに妻が夫からその敷地の贈与を受ける場合

　(ロ)　夫婦と子供が同居していて、その居住用家屋の所有者が子供で敷地の所有者が夫であるときに、妻が夫からその敷地の贈与を受ける場合

　また、居住用家屋の敷地の一部の贈与であっても、配偶者控除を適用できます。

　なお、居住用家屋の敷地が借地権のときに金銭の贈与を受けて、地主から底地を購入した場合も、居住用不動産を取得したことになり、配偶者控除を適用できます（相法21の6、相基通21の6－1）。

2．登録免許税・不動産取得税

　上記のように贈与税については、2,110万円までは課税されません。しかし、登記をするときの登録免許税と不動産取得税は課税されます。

〈贈　与〉	〈相　続〉
・登録免許税 　固定資産税評価額×2％ ・不動産取得税 　土地：固定資産税評価額×$\frac{1}{2}$×3％ 　建物(住宅)：固定資産税評価額×3％	・登録免許税 　固定資産税評価額×0.4％ ・不動産取得税……かかりません

第❷部 ステージ別で考える相続対策ABC

ステージC❶生前贈与

23　毎年の暦年贈与額の再検討

概　要

相続税対策として、暦年贈与を毎年行うというのは一般的に実施されている対策の一つだと思います。しかし、効果的な相続税対策という意味での暦年贈与の金額を検討したうえで、毎年の贈与を行っている人は少ないように感じられます。このパートでは、相続税対策として最大限効果が見込まれる暦年贈与額の検討について説明します。

具体的内容

贈与税は相続税の補完税であり、同じ金額に対して課税される税率は、相続税の税率よりも贈与税の税率の方が高くなっていることは皆さんご存知だと思います。（下図参照）。

〈相続税の税率〉

課税標準	平27．1．1前		平27．1．1以後	
	税率	控除額	税率	控除額
1千万円以下	10%	—	10%	—
1千万円超　3千万円以下	15%	50万円	15%	50万円
3千万円超　5千万円以下	20%	200万円	20%	200万円
5千万円超　1億円以下	30%	700万円	30%	700万円
1億円超　　2億円以下	40%	1,700万円	40%	1,700万円
2億円超　　3億円以下			45%	2,700万円
3億円超　　5億円以下	50%	4,700万円	50%	4,200万円
5億円超			55%	7,200万円

ステージC （相続発生が3年以上先であると予想）

〈贈与税の税率〉

課税標準	平27.1.1前		平27.1.1以後（右記以外）		平27.1.1以後（20歳以上の直系卑属）	
	税率	控除額	税率	控除額	税率	控除額
200円以下	10%	—	10%	—	10%	—
200万円超 300万円以下	15%	10万円	15%	10万円	15%	10万円
300万円超 400万円以下	20%	25万円	20%	25万円		
400万円超 800万円以下	30%	85万円	30%	85万円	20%	30万円
800万円超 1,000万円以下	40%	125万円	40%	125万円	30%	90万円
1,000万円超 1,500万円以下	50%	225万円	45%	175万円	40%	190万円
1,500万円超 3,000万円以下			50%	250万円	45%	265万円
3,000万円超 4,500万円以下			55%	400万円	50%	415万円
4,500万円超					55%	640万円

　したがって、相続税の最高適用税率が55％に満たない方は、贈与税の最高税率である55％（改正前は50％）の税率の適用を受けて暦年贈与を行うことは不利と判断し、毎年200万〜300万円程度の低い金額の贈与で10％や15％の贈与税の税率の適用を受けて、相続税対策を実行している方が多いように思われます。

　しかし、ここで注意をしなければならないのが、次の二点です。
・相続税と贈与税の「計算方法」と「納税義務者」は全く異なること
・相続税と贈与税は、ともに超過累進税率であり、暦年贈与を検討するうえ

で着目しなければならないのは、「最高適用税率」ではなく「実行税率」であること

1．相続税と贈与税の「計算方法」と「納税義務者」

　相続税の計算方法は、被相続人の「相続開始時点」の総財産の金額から基礎控除額を控除した金額に、各相続人の法定相続分を各々乗じて算出した金額に対して相続税の税率を適用して、相続税の総額を計算します。その後、計算された相続税の総額を各相続人が相続した金額の割合に応じて負担する為、原則として、誰がどの財産を相続したとしても、全体で納める相続税額に変わりはありません（配偶者の軽減や小規模宅地の特例を適用する場合を除く）。

　一方、贈与税の計算方法は、贈与を受けた方が「暦年単位」で一年間に贈与を受けた総財産の金額から基礎控除額（110万円）を控除した金額に対して贈与税の税率を適用して納付すべき贈与税を計算します。

　したがって、相続税を計算する上での「実効税率」は「相続開始時点」での「被相続人の総財産の金額」と「法定相続人」を基準として判定しますが、贈与税を計算する上での「実効税率」は、「贈与を受けた年」ごとに「贈与を受けた人」と「贈与を受けた金額」を基準に判定することになります。

2．相続税と贈与税の相違

　相続税は、原則、被相続人の法定相続人が相続税の納税義務者となるのに対して、贈与税は贈与を受けた人が納税義務者となり、また贈与税には次のような特徴があります。

　・贈与をするタイミングは自由に選択できる
　・贈与を受ける人ごとに、毎年110万円の基礎控除額がある

　つまり、贈与は「いつでも」「誰にでも」そして「毎年」行うことができ、受贈者ごとに毎年110万円の基礎控除額があるため、相続税の「実効税率」より低い贈与税の「実効税率」の適用を受けて、複数の方に複数年にかけて贈与を行えば大きな節税効果が期待されます。

ステージC（相続発生が３年以上先であると予想）

具体例

それでは、具体例で確認します。

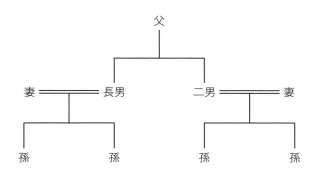

被相続人：父
相 続 人：長男、二男

被相続人の財産：６億円

上記のような家族構成の方の納付すべき相続税の総額は、１億9,710万円となります。したがって、総財産６億円に対して納付すべき相続税が１億9,710万円となりますので、この家族の相続財産に対して適用される相続税の実効税率は32.8％（１億9,710万円／６億円）ということとなります。

ここで、1,200万円の贈与をした場合の贈与税額は246万円（20歳以上で直系尊属からの贈与の場合）となりますので、贈与財産に対して適用される贈与税の実効税率は20.5％（246万円／1,200万円）となりますので、見かけ上は贈与税の最高税率の40％の適用を受けていますが、贈与税の「実効税率」が相続税の「実効税率」より下回っているので、多少高い贈与税を納税したとしても、最終的には大きな節税効果が得られます。

(1) 贈与を全くしなかった場合

　納付すべき相続税額：１億9,710万円……①

(2) 1,200万円の贈与を３年間、長男・長男の妻・二男・二男の妻・そして孫４人の合計８人に対してそれぞれ行った場合

　納付すべき贈与税額：246万円×３年間×６人＝　　4,428万円
　　　　　　　　　　　315万円×３年間×２人＝　　1,890万円
　　　　　　　　　　　　　　　　　　合計　　　　6,318万円

　減少する相続財産額：1,200万円×３年間×８人＝２億8,800万円

相続税の対象財産額：6億円－2億8,800万円＝3億1,200万円
上記に対する相続税：7,400万円
納付すべき税額合計：1億3,718万円（＝6,318万円＋7,400万円）……②

したがって、3年間という短期間で約6,000万円の節税効果を得ることができます。

注意点

暦年贈与を行うにあたって、契約内容によっては連年贈与とされる可能性があるので、注意が必要です。

例えば、

「毎年、100万円ずつ10年間にわたって贈与する」

「1,000万円を10年に分けて贈与する」

といった場合、1年ごとに贈与を受けると考えるのではなく、契約をした年分に10年にわたり受け取る権利の贈与を受けるものとして、贈与税が一括課税されます。

よって、毎年の贈与がその都度決定して実行されたものであるという事実を残すことが重要となります。

また、税務上のリスクというわけではありませんが、暦年贈与は主として現金を用いて行われることが多く、高齢者であればあるほど、その後の生活資金として、医療費や介護費、場合によっては老人ホームへの入居金などのまとまったお金が必要になる場合が想定されます。その為、税金面だけの節税効果に着目するのではなく、その方のライフプランや生活設計を検討したうえで、毎年の暦年贈与額を決定していくこともあわせて重要となります。

ステージC　（相続発生が3年以上先であると予想）

> **関連法令**
>
> **相続税法基本通達1の3・1の4共-8　財産取得の時期の原則**
>
> 　相続若しくは遺贈又は贈与による財産取得の時期は、次に掲げる場合の区分に応じ、それぞれ次によるものとする。
> (1)　相続又は遺贈の場合　相続の開始の時（失踪の宣告を相続開始原因とする相続については、民法第31条《失踪の宣告の効力》に規定する期間満了の時又は危難の去りたる時）
> (2)　贈与の場合　書面によるものについてはその契約の効力の発生した時、書面によらないものについてはその履行の時

ステージC❶生前贈与

24 相続時精算課税贈与で高利回り物件の贈与の検討

■ 概　要

　受贈者は一般の暦年単位による贈与税の課税方式に代えて、相続時精算課税の適用を受けることを選択することができます。相続時精算課税とは、生前贈与について複数年にわたり利用できる2,500万円（特別控除額）を控除した後の金額に、一律20％の税率を乗じて算出した贈与税を支払い、その後相続が発生した時にその贈与財産と相続又は遺贈により取得した相続財産とを合計した価額を基に計算した相続税額から、既に支払った「贈与税」を控除することにより、贈与税・相続税を通じた納税をすることをできる制度です。

　この制度を利用して、高利回りの収益物件を贈与することにより、相続財産の増加を防ぐことができ、また利益移転された受贈者（相続人）は相続税支払いの原資を準備することができます。

■ 具体的内容

1．適用対象者

　贈与者は60歳以上の直系尊属、受贈者は20歳以上の推定相続人及び孫です。

　この20歳以上の推定相続人である子には、贈与者の実子とともに養子縁組をした子も含まれます。養子は養親と実親の両方の親を持つことになりますので、それぞれ2,500万円ずつ1億円までは無税でこの制度を利用することができます。

2．選択単位

　本制度の選択は、受贈者である兄弟姉妹が別々に、贈与者である父、母ごとに選択できます。つまり贈与者が異なる場合、例えば父と母から財産の贈与を受けた場合には、父から贈与により取得した財産については本制度を選択し、

ステージC　（相続発生が3年以上先であると予想）

母から贈与により取得した財産についてはこの制度を選択しないことができるのです。

　また、同じ贈与者から贈与により財産を取得した受贈者が数人いる場合、例えば父から長男と次男が贈与により財産を取得した場合に、長男はこの制度を選択し、次男はこの制度を選択しないということもできます。

3．適用手続

　本制度の選択を行おうとする受贈者（子及び孫）は、その選択に係る最初の贈与を受けた年の翌年2月1日から3月15日までに税務署に対して、「相続時精算課税選択届出書」を贈与税の申告書に添付しなければなりません。なお、本制度の適用により贈与税がゼロとなる場合でも、同届出書のほかに、贈与税の申告書を提出する必要があります。

4．税額の計算

(1)　贈与税

　この制度を選択した受贈者は、本制度に係る贈与者からの贈与財産について贈与時に申告を行い、他の贈与財産と区別して計算を行います。

$$(その年の相続時精算課税対象財産 - 特別控除^{※}) \times 20\% = 贈与税額$$

　※　既に控除された部分の金額を除きます。

(2)　相続税

　この制度を選択した受贈者は、この制度に係る贈与者からの相続時に、それまでの贈与財産と相続財産を合算して計算した相続税額から、既に支払った「贈与税」相当額を控除します。その際相続税額から控除しきれない「贈与税」相当額は還付を受けることができます。

　なお、相続財産と合算する贈与財産の価額は贈与時の時価とします。

5．相続時精算課税制度活用のポイント

(1) 相続税がかかるか、かからないかの判断

贈与は相続税がかかる人とかからない人で、その方法や時期をかえる必要があります。まずは自分が持っている財産を把握し、「相続税がかかるのか、かからないのか」「かかるとしたらどのくらいかかるのか」をしっかり把握することが大切です。その上で、どの財産をどのような形で、誰に、どのような方法で贈与するのか」を検討します。

(2) 相続税のかからない人

相続税の心配がないのなら、相続税対策は不要なので、相続時精算課税制度を選択してどんどん贈与するのがよいと思います。特別控除枠として2,500万円もあり複数年にわたって利用でき、最終的に相続税がかからないのなら、その親からの贈与がたとえ2,500万円を超えて行われ、20％の贈与税を納税したとしても、相続税の申告をすることで還付されます。

(3) 相続税のかかる人

例えば、高利回りで低評価（建物の相続税評価額は固定資産税評価額で評価されますが、それは建築費用のおおよそ60％前後と言われています。）の賃貸住宅の建物だけを贈与します。収益物件を贈与すると、その後の収入が贈与された人に移ります。他の不動産収入が多い人にとっては、その分所得が減るので毎年の所得税・住民税が少なくなります。つまり、高額所得の親から子への利益移転ができ、親の所得税は軽減され、利益移転された子は納税資金を確保することができるのです。

■ 具 体 例

時価6,000万円の賃貸建物を父から子に相続時精算課税により贈与

賃貸建物の評価額は2,500万円

家賃600万円（6,000万円×10％……想定利回率）

　　　↓

・贈与税　ゼロ

ステージC　（相続発生が3年以上先であると予想）

・10年経過後……家賃収入　600万円×10年＝6,000万円の財産が移転することになります。

注意点

相続時精算課税制度のデメリットとして、

① いったん選択すると相続時まで継続適用となり、途中で変更することができない。
② 年間110万円の基礎控除が使えなくなる。
③ 生前贈与した財産が値下がりしても、相続財産に合算する価額は贈与時の価額となる。
④ 生前贈与をしても直接的な相続財産の減少にはならない。
⑤ 選択した親からの贈与については、少額の贈与であってもすべて申告が必要になる。
⑥ 相続時精算課税制度の贈与財産は物納できない。
⑦ 相続時精算課税制度による生前贈与財産が居住用宅地等や事業用宅地用の場合でも、その取得原因が贈与なので、相続時において小規模宅地等の特例は適用できない。
⑧ 贈与しようとする建物を借入金で建てていて、その借入金に残高があるときは、贈与そのものが困難となる。借入金付きで贈与する負担付贈与の場合、建物は時価で評価しなければならないので、借入金との調整が必要となり、贈与対策としては有効ではない。
⑨ 敷金を預かっている賃貸物件の贈与をする場合、同時に敷金返還義務に相当する現金の贈与を行わなければ、負担付贈与になる。

などがあげられます。

これらのデメリットを踏まえて、相続時精算課税度の適用の検討をお勧めいたします。

ステージC❶生前贈与

25 相続人を契約者とする保険に加入して保険料贈与を検討

概　要

保険は契約形態によって課税方法が異なるため、相続税対策か、遺族の生活のためか、貯蓄目的かを明確にして保険商品を選択するようにします。保険料の贈与による節税と納税資金確保について検討します。

具体的内容

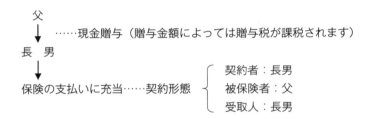

死亡保険金＝長男に一時所得として所得税・住民税が課税

〈メリット〉

死亡保険金は長男の一時所得課税となるため、父の相続財産が概ね課税価額3億円以上であれば、一時所得課税の方が有利になります。

相続人1人の場合

現金1,000万円が相続財産として課税されると

　（31,000万円－3,600万円）×45％－2,700万円＝9,630万円　実効税率31％

現金1,000万円が一時所得として課税されると

　（1,000万円－支出した金額（仮に800万円））×$\frac{1}{2}$×55％（仮に最高税率所得税等＋住民税）＝55万円　実効税率5.5％

相続税実効税率31％＞所得税等実効税率5.5％

ステージC （相続発生が3年以上先であると予想）

となり、一時所得税課税の方が有利になります。

■具体例■

〈贈与の基礎控除枠年間110万円を活用した資金対策〉

　企業家で資産家の父は、どうしたら自分の財産を効率的に相続させられるのか？事業承継時の代償分割資金はどうしたらいいのだろうか？と悩んでいましたが、贈与の基礎控除枠（非課税枠）を効率的に活用し相続税納税資金や代償分割資金の確保に成功しました。

〈ステップⅠ〉

〈ステップⅡ〉

　息子は贈与された100万で「契約者：息子、被保険者：父、受取人：息子」となる年払保険料100万の生命保険に加入します。

　この場合の生命保険は「終身保険」が望ましく、また、払込期間を長くすることで高額な生命保険契約が可能になります。

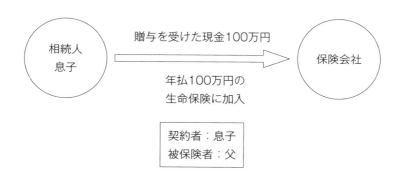

〈ステップⅢ〉

被相続人の父が死亡することにより、息子が保険金を受け取ります。ほとんどの終身保険は、支払保険料総額よりも多くの保険金を受け取ることが出来ますので、相続時は、この保険金が相続税納税資金や事業承継時の代償分割資金として効果を発揮します。

尚、保険金受取時は所得税（一時所得）の対象になりますが、相続税の税率に比べ低ければ有利です。

〈保険料例〉

保 険 種 類	変額終身保険（15年払込終了）
保 障 期 間	終身（一生涯保険）
契 約 者	相続人（息子）
被 保 険 者	被相続人（父：50歳）
保 険 金 額	24,200,000円
年 払 保 険 料	1,095,630円
払 込 期 間	15年（65歳）
総払込保険料	16,434,450円

※ 一時所得（受取保険金額－総払込保険料△50万円）×$\frac{1}{2}$＝3,632,795円（他の総合所得と合算して税率をかけます）

■ 注 意 点 ■

現金贈与をする場合の注意点として、「贈与事実を明らかにする」ことです。

ステージC　（相続発生が３年以上先であると予想）

　贈与事実の証明として贈与契約書を作成します。
　単なる名義借りと思わせないことです。贈与するお金は贈与を受ける人の銀行口座に振込みにより行い、通帳や印鑑は贈与を受ける人が必ず保管します。贈与する人が通帳や印鑑を保管しているケースでは、贈与そのものを否認される可能性があります。また、贈与は当事者間の契約ですから、まだ何もわからないような子供に贈与するのも、同様に避けた方が良いでしょう。
　非課税となる入院給付金など一定の給付を除いて、受け取る保険金などは「所得税・住民税」「贈与税」「相続税」のいずれかの課税対象になります。どの税金の対象になるかは「保険金などの種類（死亡保険金・満期保険金・年金）」や「契約形態（契約者・被保険者・受取人の関係）」によって異なります。
　平成25年１月１日〜平成49年12月31日までの間、所得税がかかる場合は、あわせて復興特別所得税（所得税額×2.1％）がかかります。

〈死亡保険金にかかる税金〉

契約形態	契約者	被保険者	死亡保険金受取人	税金の種類
契約者と被保険者が同一人の場合	A（例）夫	A（例）夫	B（例）妻	相続税
契約者と受取人が同一人の場合	A（例）夫	A又はB（例）夫又は妻	A（例）夫	所得税
契約者、被保険者、受取人がそれぞれ異なる場合	A（例）夫	B（例）妻	C（例）子	贈与税

※所得税の課税対象になるときは、住民税の課税対象にもなります。

ステージC❶生前贈与

26 上場株式の譲渡損と非上場株式の譲渡益を通算して株式の譲渡所得税を節税

概　要

　株式の売却については株式等に係る譲渡所得等として他の所得と区分し、所得税15.315％（復興特別所得税を含む）、住民税5％の合計20.315％の税率が課せられます。原則として株式等にかかる譲渡所得等以外との損益通算はできません（申告分離課税を選択した上場株式等の配当等に係る配当所得を除く。）が上場株式の譲渡損益と非上場株式の譲渡損益は同じ株式等に係る譲渡所得等に該当することから、これらの損益は通算することができます。

具体的内容

　通常は、贈与、相続により、株式を後継者に承継しますが、上場株式の含み損を多く抱えている経営者は、バブルの時などに購入したもう取得時の株価に戻りそうにない株式を売却して損失を出し自分の会社の株式を後継者に額面よりも高い金額で譲渡します。上場株式の売却損と非上場株式の売却益を通算することにより、通算できた金額×20.315％が節税額となります。

具体例

(1) 非上場株式の時価　　　　　4,000万円
(2) 非上場株式の取得費（額面）1,000万円
(3) 上場株式の時価　　　　　　 300万円
(4) 上場株式の取得費　　　　　1,500万円

　① 非上場株式の譲渡益

　　4,000万円－1,000万円＝3,000万円

　② 上場株式の譲渡損

ステージC（相続発生が3年以上先であると予想）

　　　1,500万円－300万円＝△1,200万円
　③　①と②の通算後の所得金額
　　　3,000万円－1,200万円＝1,800万円
(イ)　上場株式の売却損を出さずに非上場株式だけを売却した場合の税額
　　　①3,000万円×20.315％※＝6,094,500円
(ロ)　上場株式の売却損と非上場株式の譲渡益を通算させた場合の税額
　　　③1,800万円×20.315％※＝3,656,700円

上場株式の売却損を出したことによる節税額
　(イ)－(ロ)＝2,437,800円
　※　復興所得税を含む。

注意点

　20.315％の分離課税による節税額よりも今後の上場株式の値上益が見込めそうな場合は、値上がりしてから売却した方がキャッシュフローは多くなります。

　平成28年1月1日以後は、株式等に係る譲渡所得等の分離課税については、上場株式等に係る譲渡所得等と非上場株式等（一般株式等）に係る譲渡所得等が別々の分離課税制度とされ、これらの所得間の損益通算は不可となります

　後継者が非上場株式を購入することが前提となるため、後継者に株式を買取るための資力が必要となります。贈与では贈与を受ける人に資力は必要ありませんが、売買では買う人に資金が必要となります。後継者に資力がない場合は時価よりも安く売却することになりますが非上場株式の相続税評価額－実際の支払額は贈与となり、贈与税が課せられるので、株式所有者の相続税の税率や経営者及び後継者の株式の所有状況、将来の株価の推移も含めて総合的に勘案する必要があります。

　現経営者は株式が現金に変わるだけなので、将来、非上場株式の株価の上昇が見込まれる場合を除き、基本的には相続税の軽減効果はありません。

ステージC❷ 不動産管理会社

27　不動産管理会社の活用

概　　要

　所得税の最高税率、相続税の基礎控除額の引下げと税率構造の見直しなど不動産オーナーの課税は強化される方向にあります。賃貸用不動産について不動産管理会社を活用とすることで、所得分散効果や法人税と所得税の税率差などを利用した節税対策、ひいては税引後のキャッシュフローの改善、次世代への円滑な財産承継が可能となります。

具体的内容

１．**不動産管理会社の活用のメリット**

(1)　**所得分散効果**

　① 　個人の所得分散による超過累進税率の緩和

　　　所得税（総合課税）は課税総所得金額に応じてその税率が異なる超過累進税率です。所得が多くなればなるほど、適用される税率は大きくなります。この超過累進税率の最高税率は平成27年より５％引き上げられ、課税所得金額が4,000万円を超える方の税率は55.945％（住民税・復興特別所得税を含む）になりました。課税所得金額が多額となる不動産オーナーが、その所得の一部を不動産管理会社に移行することで、課税所得金額を減らし、適用される税率を引き下げることができます。また、金融資産の増加が防止され、相続税の節税にもつながります。

　② 　役員給与支給による所得分散

　　　不動産管理会社の所得を同族関係者（子や孫など）へ役員報酬として支給することで、さらに所得は分散され、不動産オーナーに対する所得税等の超過累進税率が緩和されます。役員の数は多いほど、同族関係者全体の税金の軽減額は大きくなりますが、経営に全く係わっていない同族関係者

>ステージC （相続発生が3年以上先であると予想）

に対して役員報酬を支給すると、不相当に高額であると税務調査で指摘され、法人税法上の損金計上を否認される可能性があるので注意が必要です。
③ 給与所得控除の適用
　役員に支給される役員給与には、所得税や住民税を計算する際に、勤務に伴う必要経費の概算額として収入から差引かれる給与所得控除が適用されます。実質的な非課税枠と言えます。この控除により個々の役員に支給された役員給与に対する給与所得はさらに小さくなり、超過累進税率が緩和されます。

(2) **所得税率（超過累進）と法人税率（比例）との税率差**

　平成27年以降の個人に対する所得税＋住民税の合計税率は15.105％から55.945％です。

　一方、法人税の実行税率は平成27年度以降35％台（図①参照）になります。また、中小法人の場合は所得に応じて21.43％から36.05％となります。個人の課税所得が900万円を超える方は、適用税率が43.693％となりますので、税率面では不動産管理会社の所得とする方が有利となると言えるでしょう。

　確定申告書等を参考に、所得税率と法人税率とどちらが有利か比較してみてください。

〈図① 法人の実行税率の推移〉

事業年度	大法人	中小法人		
		400万円以下	400万円超 800万円以下	800万円超
～平成24年3月期	40.69％	24.49％	26.44％	40.86％
平成25年3月期～ 平成27年3月期	38.01％	22.86％	24.56％	38.37％
平成28年3月期～	35.64％	21.43％	23.16％	36.05％

　※ 東京23区に本店がある3月決算法人を前提としています。

(3) 名義変更の相続登記が不要

相続が発生しますと個人で所有している不動産については、名義変更が必要となりますが、会社所有の不動産については名義変更が必要ないため、相続登記にかかる登録免許税や司法書士への報酬等が不要となります。

2．不動産管理会社活用のデメリット

(1) 設立費用がかかる

法人の設立には司法書士等への報酬を除いても約30万円程度の費用がかかります（下記4．(1)⑤参照）。なお、この費用は法人の経費となります。

(2) 均等割の発生

個人の場合は所得がマイナスの場合は税金を納める必要はありません。しかし、法人の場合は所得がマイナスであっても、地方税の均等割（1年で7万円）の税負担が必要となります。

(3) 相続発生時の土地評価

相続発生時に個人所有の土地の上に賃貸建物（貸家）が建っている場合は、その土地は「貸家建付地」として評価が減額されます。しかし、賃貸建物（貸家）が法人所有の場合には、この評価減は適用されません。ただし、実務上は「土地の無償返還に関する届出書」を提出することによって、不動産オーナーの相続時の土地評価は20％の評価減の適用が受けられます。

3．不動産管理会社の種類

(1) 管理料徴収方式

① 概　要

不動産管理会社は不動産オーナーが不動産を第三者に賃貸する場合の仲介をし、以後の管理を行います。

② 特　徴

・賃貸借契約の名義は不動産オーナーであり、不動産管理会社が管理業務を行います。

・不動産オーナーと不動産管理会社間において不動産管理委託契約が締結

ステージC （相続発生が3年以上先であると予想）

され、毎月管理業務の対価として管理事務手数料が支払われます。
・管理手数料の相場は、借家人支払家賃総額の5％から8％程度になります。
・税務上、不動産オーナーと不動産管理会社とで締結される管理委託契約書において管理委託の範囲と内容が明確になっているか、またその業務に実態があるかが重要となります。
③　メリット
　　手続きが容易です。
④　デメリット
　　所得分散効果、節税効果が他の方式に比べ、少なくなります。

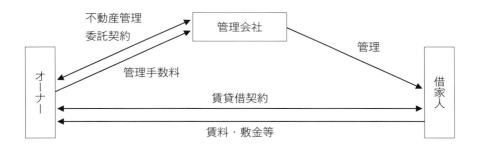

(2)　サブリース方式
①　概　要
　　不動産オーナーが所有不動産を不動産管理会社に一括で賃貸し、管理会社が第三者に転貸します。
②　特　徴
・不動産そのものを不動産管理会社が一括で借り受けます。
・不動産管理会社の実践的な管理手数料は、賃借人からの賃料収入と不動産オーナーに支払う賃借料の差額となります。
・管理手数料の相場（一括借上げ家賃との差額）は、借家人支払家賃総額の10％から20％程度になります。物件ごとの特徴に応じて適正な水準で賃借料を設定します。

③ メリット
・不動産オーナーは空室や賃貸トラブルの心配がありません。
・管理料徴収方式よりも高い収入（借上賃料）を受け取ることができます。
④ デメリット
・不動産管理会社は空室時の空家賃の支払いなどのリスクが高くなります。

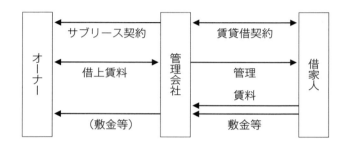

(3) **不動産所有方式（無償返還方式）**
① 概　要
　　不動産オーナー所有の土地の上に不動産管理会社自身が賃貸用建物を建築し、またはすでに不動産オーナーが所有する個人名義の賃貸物件を建物だけ不動産管理会社に売却し、管理運営の業務を行う方式です。
② 特　徴
・家賃収入の100％が不動産管理会社に帰属します。
・地代はおおむね固定資産税の2～3倍です。
③ メリット
・不動産管理会社は土地を買わずして建物からの収益を確保できます。
・土地の無償返還の届出を不動産オーナー側（土地所有者）の税務署へ出すことにより、借地権の認定課税を受けなくなります。
・土地の評価が更地評価より、2割減額され、不動産オーナーの相続対策になります。ただし、使用貸借（地代を払わず、無償で土地を賃借すること）の場合には更地評価になり相続対策にはなりません。

> ステージC　（相続発生が３年以上先であると予想）

- 不動産管理会社の株主を相続人にすることで、不動産オーナーに相続が発生した場合にも、不動産管理会社の株式や建物に対しては相続税が課税されません。
- 個人で不動産を所有している場合には、不動産経営から得られる収益がそのまま不動産オーナーの相続財産になりますが、建物を不動産管理会社が所有することにより、建物の賃貸収入については、不動産管理会社の収入とすることができ、相続財産の軽減を行うことができます。
- 不動産管理会社名義で収益物件を所有するので、名実ともに当該法人の所有のものとなりますので、課税上のトラブルが少なくなります。

④　デメリット
- 初期コストとして建物に対する不動産取得税・登録免許税が発生します。

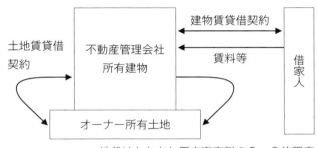

地代はおおむね固定資産税の２〜３倍程度

(4) 不動産所有方式（買取方式）

①　概　要

　　不動産オーナー所有の収益物件である土地及び建物を不動産管理会社が買い取り、賃貸する方法です。土地及び建物の名義は不動産管理会社となります。

②　特　徴
- 家賃収入の100％が会社に帰属します。

③　メリット
- 不動産オーナーの相続開始を待たずに、前倒しで資産の承継をすること

ができます。
- 管理料徴収方式やサブリース方式に比べ、所得分散効果や節税効果があります。

④ デメリット
- 不動産管理会社は借入により土地を取得する場合には、返済していかなければならないので、あらかじめ厳しく事業収支を見積もることが重要です。
- 不動産オーナーは土地・建物の売却により譲渡所得が発生します。
- 無償返還方式と比べ、土地に対する投資の分、投資効率は悪くなります。
- 土地も購入するため、多額の資金が必要となります。

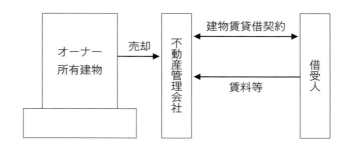

4．設立と運用

(1) 会社設立時のポイント

最も効果的に所得分散効果が得られる上記3(3)の不動産所有方式（無償返還方式）を前提にポイントを紹介します。

① 株主（出資者）

後継者が決まっているのであれば、その後継者が出資して会社を設立します。設立の段階で後継者が決まっていないのであれば、ご本人あるいは配偶者が出資し、後継者が決まった段階で売買か贈与により株式を後継者に移行します。基本的には、建物の建っている土地を承継する者が株式を単独で持つとよいでしょう。株式の共有は、株式を通じて間接的に建物を共有することになるためできるだけ避けるべきです。

ステージC　（相続発生が3年以上先であると予想）

② 資本金の額

会社法上、最低資本金制度は撤廃されていますので、資本金の額は任意に決めることができます。しかし、設立時の登録免許税の負担、法人県（市）民税の均等割りの負担を考えると1,000万円以下にしておくといいでしょう。また、消費税については設立時の資本金が1,000万円以上であれば、設立時から少なくとも2年間は消費税の課税事業者となります。よって、税負担をもっとも減らすという観点でいえば、資本金は1,000万円未満となります。

③ 決算期

個人の所得税の計算期間は1月1日から12月31日と暦年で定められていますが、法人の決算期は任意に定款で定めることができます。例えば6月末を決算期とするなど所得税の計算期間と法人の決算期を数ヶ月ずらすことで、一年に二度、個人と法人の財産と収支状況を見直すことができます。

④ 役　員

基本的には、相続人となる子や孫です。ただし、会社の経営を執行できる者となりますので、未成年者や学生は避けましょう。また、上記1．(1)②でも述べましたが、業務に見合わない役員給与を支給すると、法人税法上、損金算入を否認される可能性がありますので注意が必要です。

⑤ 設立費用

定款認証料等の実費のほか、司法書士等の報酬が発生します（図②参照）。

〈図②　資本金1,000万円の法人の設立費用（概算）〉

定款認証料	印紙※	登録免許税	実印作成費用等	小計	司法書士等への報酬
5万円	4万円	15万円	5万円	30万円	＋α

※　株式会社の金銭出資を前提としています。電子認証の場合は不要です。
　　実印作成費用は5万円として計算しています。

⑥ 設立時の届出書類

　会社が設立されると法人税の申告が必要となり、本店所在地等を所轄する税務署及び事業所の所在地の都道府県税事務所および市区町村の役所に次のような届出が必要となります。その他、社会保険関係は所轄の社会保険事務所や公共職業安定所等に届出が必要となる場合があります。

(イ) 法人設立届出書…………設立日以後2ヶ月以内

(ロ) 青色申告の承認申請書

　　……設立日から3ヶ月を経過した日また設立事業年度が終了する日でのいずれか早い日

(ハ) 給与支払事務所等の開設届出書

　　……給与等を支払う事務所等を開設した日から1月以内

(ニ) 源泉所得税の納期の特例の承認に関する申請書

　　……適用した月の前月まで

(ホ) 減価償却資産の償却方法の届出書

　　……設立した事業年度の確定申告期限まで

(ヘ) 消費税課税事業者選択届出書

　　……設立した事業年度終了の日まで

(ト) 消費税簡易課税制度選択届出書

　　……設立した事業年度終了の日まで

(2) **不動産管理会社の運営のポイント**

① 法人の資金を役員給与で分散させる

　個々の役員に対していくら役員報酬を支給するかは、所得分散効果や不動産管理会社の資金繰り、株価などを総合勘案して決定します。

　同族関係者に役員給与を支給し過ぎれば、不動産管理会社の資金繰りは悪化し、結果的に不動産オーナーから借入れを行わなくてはならないこともあるでしょう。この借入金は不動産オーナーにとれば貸付金となり相続税の課税対象となります。

　一方で、役員給与を少なく設定しすぎると不動産管理会社の内部留保が貯まり、不動産管理会社の純資産は増加して株価も上昇します。株価上昇

ステージC　（相続発生が3年以上先であると予想）

が見込まれるのであれば、生前贈与や譲渡の検討も必要でしょう。

なお、株価の問題については後継者が株式の100％を保有している場合は考慮する必要はありません。

② 役員退職金の活用

役員退職金を支給することで不動産管理会社の利益を圧縮し、株価を引き下げることができます。役員退職金には死亡退職金と生前退職金とがあり、さらに生前退職金には役員を退職する方法としない方法（分掌変更等による方法）とがあります。

分掌変更等による退職金とは、以下のいずれかの要件をみたした場合に、実質的に退職したと同様であるとして役員退職金の支給が認められるものです。

(イ)　常勤役員が非常勤になったこと（代表権のある場合を除く）
(ロ)　取締役が監査役となったこと
(ハ)　報酬が分掌変更等の後における報酬が激変（2分の1未満）したこと

また、非常勤や監査役になったとしても、その退職した役員が実質的に経営上主要な地位を占めていたり、重要な意思決定をしていると認められる場合は退職とは認められません。

なお、退職金を支給する場合には、税務上、支給額は適正か、退職金規定などが作成・整備されているかなどが重要となります。役員退職金が否認された場合は、定期同額でない役員給与は役員賞与とみなされ、会社の損金に算入されません。また、受け取った本人も退職金の優遇税制が使えず、通常の給与所得と同じ税金が課せられます。

③ 不動産オーナーからの借入金や未払金の解消

不動産管理会社が不動産オーナーから資金を借入れて賃貸用建物を建築した場合など、借入金の返済がまだ済んでいないということがよくあります。この借入金は、不動産オーナーの相続が発生した際には貸付金という相続財産となり、相続税が課せられることになります。不動産オーナーに対する役員給与に充てるための資金を借入金の返済に充てるなど、早い段階で解消しておくとよいでしょう。

■具体例■

所得分散効果の所得税（復興特別所得税を含む）及び住民税への影響

- 不動産所得の合計……3,000万円
- 役員給与……家族3名に均等に支給したとします。
- 法人に帰属させた所得はすべて役員給与として支給することとします。
- 他の所得や所得控除等は考慮しておりません。

(1) 会社設立前

3,000万円×45.84％－2,854,716円＝約1,090万円

(2) 不動産管理会社に所得の25％（750万円）を帰属させる場合

① 不動産オーナーの所得税等

(3,000万円－750万円＋150万円)×45.84％－2,854,716円＝約815万円

② 家族が受ける役員報酬に対する所得税等

$(750万円 \times \frac{1}{3} - 93万円) \times 10.105\% = 約16万円$

16万円×3名＝約48万円

③ 不動産管理会社の負担する税金　均等割　7万円

④ ①～③の計＝約870万円

(3) (2)－(1)＝△220万円

(4) 10年後の手取額差額の累計　220万円×10年＝2,200万円

ステージC　（相続発生が3年以上先であると予想）

■ 注 意 点

① 不動産オーナーが不動産管理会社に支払う管理料や賃借料について不相当に高額である場合には、税務上、その不相当に高額である部分については必要経費算入が否認されることがあります。

② 不動産管理会社で所有する土地については、不動産オーナーの相続が発生した場合、貸家建付地の評価減が適用されません。

③ 不動産管理会社が建物を建築した場合には、個人で建築した場合に有効となる現預金と建物の相続税評価額（固定資産税評価額。通常は建築代金の5割～7割と言われています。）との評価差額が生じることによる節税対策の効果は得ることができません。

ステージC❸土地・建物

28　所有する土地のABC分析

概　要

　相続の発生が3年以上先であると予想されている方も、今から相続に向けて準備をしていく必要があります。

　相続税の申告は、相続の開始があったことを知った日の翌日から10ヶ月以内に行う必要があります。そして原則としてこの申告期限までに、現預金で一括して納税しなければなりません。相続税を期限までに払えない場合には、特例として税金を年賦で支払う延納制度や相続財産そのものを相続税に充てる物納という制度があります。

　しかし、延納の場合には利子税がつくだけでなく、延納期間中の経済的・精神的負担は計り知れません。また、物納の場合も国に収納するための要件を満たす必要があり、必ず物納が認められるわけではありません。

　現預金等の金融資産が少なく相続財産のほとんどが土地等の不動産である方は注意が必要です。財産はあるのに納税資金が不足してしまうということも十分考えられます。

具体的内容

1．所有している土地の分析

　現預金等の金融資産が少なく相続財産のほとんどが土地等の不動産で構成される方は、土地を下図のように収益性・流動性から分析しそれぞれにグループ分けをしていきます。

ステージC （相続発生が3年以上先であると予想）

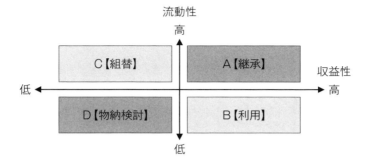

2．グループ分けの方法

$$\frac{年間収入金額}{課税総資産（評価減を控除後）} = 10\%$$

　グループ分けの判断基準の一つとしては不動産の利回りが挙げられます。

　所有する土地の投資利回りのチェックを行い収益面から所有する土地のグループ分けを行い今後の方策へ役立てます。全ての土地で高収益を生み出している場合には、問題ありませんが、必ずしもそうとは限りません。

　グループ分けをすることによって土地の利用状況、価値等の現状を分析し仮に相続によって手放すことになるかもしれない土地を事前に決めておくことができます。実際に相続が発生してしまいますと、じっくり考える時間が取れず、泣く泣く先祖代々の土地を手放してしまうなんていうことになりかねません。

3．相続税の支払いに充てる資金の準備

　所有する土地の分析を行ったら、納税資金の準備に取り掛かります。

　土地を物納する場合、その土地の相続税評価額で納税されます。この相続税評価額は実際の土地の時価の80％くらいですので、売却したほうが手元に現金が残る計算となります。土地の価格が上昇しているときならばなおさら売却したほうが有利となります。

　また、高収益不動産への組替えを行うことで納税資金を増やすことができれば、物納予定地を手放さなくても済むようになります。

ただし、土地の上に収益性の低い建物が建っている場合には、注意が必要です。売却に時間がかかることが予想されるため、相続が発生してからでは申告期限までに売却が完了しない可能性があります。

まとめ

財産はあるのに納税資金が不足する事態に陥らないように、相続発生はまだ先と考えずに節税策だけでなく、納税に向けた準備も重要になってきます。

① 所有する土地の現状分析を行い、土地の色付けをする。
② 物納予定地を事前に準備する。
③ 高収益不動産へ組み替える。
④ 売却する土地を決め現金化する。

ステージC　（相続発生が３年以上先であると予想）

相続税物納申請書

税務署収受印

税務署長殿
平成　年　月　日

（〒　　－　　）
住所　　　　　　　　　　　　　　　
フリガナ
氏名　　　　　　　　　　　　　㊞
職業　　　　　　電話　　　　　　

下記のとおり相続税の物納を申請します。

記

（作成税理士署名押印）
事務所所在地
電話番号

1　物納申請税額

① 相 続 税 額		円
同上のうち	②現金で納付する税額	
	③延納を求めようとする税額	
	④納税猶予を受ける税額	
	⑤物納を求めようとする税額 （①－（②+③+④））	

2　延納によっても金銭で納付することを困難とする理由

（物納ができるのは、延納によっても金銭で納付することが困難な範囲に限ります。）

別紙「金銭納付を困難とする理由書」のとおり。

3　物納に充てようとする財産

別紙目録のとおり。

4　物納財産の順位によらない場合等の事由

別紙「物納劣後財産等を物納に充てる理由書」のとおり。

※　該当がない場合は、二重線で消してください。

5　その他参考事項

右の欄の該当の箇所を○で囲み住所氏名及び年月日を記入してください。	被相続人、遺贈者	（住所）			
		（氏名）			
	相 続 開 始 遺 贈 年 月 日		平成　年　月　日		
	申告（期限内、期限後、修正）、更正、決定年月日		平成　年　月　日		
	納　　期　　限		平成　年　月　日		
納税地の指定を受けた場合のその指定された納税地					
物納申請の却下に係る再申請である場合は、当該却下に係る「相続税物納却下通知書」の日付及び番号			第　　　　号 平成　年　月　日		

㊞

税務署整理欄	郵送等年月日	担当者印
	平成　年　月　日	

ステージC ❸ 土地・建物

29 物納予定候補地の選定・整備

概　要

　相続税に限らず税金の納付は金銭での納付が原則です。しかし相続税については遺産取得課税という特性があるため、財産を取得したものの納付するための金銭が充分にないケースが考えられます。そこで納付手段の例外として、相続税には相続財産の「物納制度」が設けられています。

　その物納できる財産は多くの要件を満たす必要があるため、あらかじめ物納用の土地を選定しておき、計画的に整備を進めていくことで土地という財産の有効活用をしていきましょう。

具体的内容

　物納は納付手段の例外であるため多くの要件があると触れましたが、先ずはその要件を確認したいと思います（相法41）。

1．物納の要件
① 延納によっても金銭で納付することが困難な金額の範囲内であること
② 物納申請財産が定められた種類の財産で申請順位によっていること
③ 物納申請書及び物納手続関係書類を期限までに提出すること
④ 物納申請財産が物納適格財産であること

2．物納財産の要件
① 物納申請者が相続により取得した財産で日本国内にあること
② 管理処分不適格財産でないこと
　【管理処分不適格財産】＝物納できない財産
　(イ) 質権その他の担保権の目的となっている財産

◆ステージC◆ (相続発生が3年以上先であると予想)

　　(ロ)　係争中の財産
　　(ハ)　共有財産の一部
　　(ニ)　譲渡禁止若しくは譲渡につき承認を要するなど譲渡に関して特別の定めのある財産
　　(ホ)　借地権者が明らかでない貸地、無道路地等で売却できる見込みのない不動産
　　(ヘ)　公共の用に供され又は供される見込みの不動産（公園等を除く）
　　(ト)　借地・借家契約の円滑な継続が困難な不動産等
　③　物納申請財産の種類及び順位にあっていること

順位	物納に充てることのできる財産の種類
第1順位	①国債、地方債、不動産、船舶
第1順位	②不動産のうち物納劣後財産に該当するもの
第2順位	③社債、株式（特別の法律により法人の発行する債券及び出資証券を含む）、証券投資信託又は貸付信託の受益証券
第2順位	④株式（特別の法律により法人の発行する債券及び出資証券を含む）のうち物納劣後財産に該当するもの
第3順位	⑤動産

　④　物納劣後財産に該当する場合は、他に適当な財産がないこと
　⑤　物納に充てる財産の価額は、原則として、物納申請税額を超えないこと

■ 具 体 例 ■

1. 貸地の整理

　ここでは、「相続税評価額」と「処分可能価格」の差額に注目した対策を見ます。
　貸地は処分可能価格と相続税評価額を比較するとほとんどの場合、相続税評価額の方が高いのが一般的です。これは、貸地の相続税評価額の求め方にその原因があります。貸地の相続税評価額の求め方は、更地の評価額から借地権価格を控除して求めます。この計算方法では、借地権と貸地とを合計すると100％の価格になります。

相続税評価額　1,000

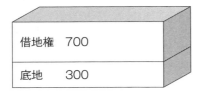

底地：1,000▲借地権700＝300
その土地一体の評価額が一定になるように

処分可能価額

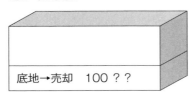

実際この底地だけを売却するとしたら……

　一見、合理的な算式に見えますが、この算式が成り立つ条件は、借地権地と貸地とを一緒に処分する場合に限られます。仮に貸地だけを処分しようと思うと、到底まともな値段では処分できません。また、一般的には投資利回りも著しく低く、かつ、借地権の返還が期待できません。
　そこで、一定の要件を満たして貸地を物納できれば、貸地を時価以上の相続税評価額で国が収納してくれますので、不良資産を整理することができます。

> 実際には100でしか売却できない土地が、300の納付税額相当額として物納できる

　貸地の物納の順番は、将来高い収益の見込めないものから申請し、収益の見込めるものを残すようにするのがいいでしょう。例えば、相続財産として駅近くの将来高い収益の見込める土地だが相続税評価額はそれほど高くないものと、駅から遠く将来収益はあまり見込めないが相続税評価額が高い土地を相続した場合、駅から遠い土地を物納すれば駅近くの土地が残り、将来有効に利用できます。

2．土地の交換

物納できない土地を交換して、物納可能な土地として取得します。所有する財産の大半が上述した物納不適格財産である場合には、相続税の納税に困窮することになります。そこで、生前に物納不適格財産を「交換の特例」を活用し、適格財産に移行させます。

例えば、借地人との間が良好でない貸宅地は借地権と交換したり、道路に接道している間口が4m（又は2m）に満たない間口の狭隘な宅地等を所有している場合には、間口を広げるために隣接する土地と交換したりして物納適格財産へ移行させます。

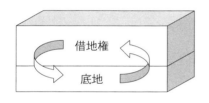
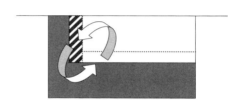

注 意 点

1．納付税額とされる金額

物納財産の価額は、相続税の課税価格計算の基礎となったものとされていますので、貸宅地等で小規模宅地等の特例を適用して課税価格が減額された土地（減額後の価額は50％の5,000万円）については、その「減額後の金額」が納付税額相当額となりますので、注意が必要です。

【ケース】

相続税評価額1億円の宅地

▲小規模宅地等の特例による減額50％の5,000万円

　⇒　納付税額相当額5,000万円

2．相続時精算課税財産について

　相続時精算課税財産については、物納財産に充てることはできません。これは、贈与時には更地で取得したものであっても年数が経過していると、地目が変更されている、貸アパートが建っているなどその状況が変化していることが想定されるためです。

> ステージC （相続発生が3年以上先であると予想）

国税庁タックスアンサー

No.3502　土地建物の交換をしたときの特例

1　制度の概要

　個人が、土地や建物などの固定資産を同じ種類の固定資産と交換したときは、譲渡がなかったものとする特例があり、これを固定資産の交換の特例といいます。

2　特例を受けるための適用要件

(1)　交換により譲渡する資産及び取得する資産は、いずれも固定資産であること。

　　不動産業者などが販売のために所有している土地などの資産(棚卸資産)は、特例の対象になりません。

(2)　交換により譲渡する資産及び取得する資産は、いずれも土地と土地、建物と建物のように互いに同じ種類の資産であること。

　　この場合、借地権は土地の種類に含まれ、建物に附属する設備及び構築物は建物の種類に含まれます。

(3)　交換により譲渡する資産は、1年以上所有していたものであること。

(4)　交換により取得する資産は、交換の相手が1年以上所有していたものであり、かつ交換のために取得したものでないこと。

(5)　交換により取得する資産を、譲渡する資産の交換直前の用途と同じ用途に使用すること。

　　この用途については、次のように区分されます。

交換譲渡資産の種類とその用途区分の表

交換譲渡資産の種類	区分
土地	宅地、田畑、鉱泉地、池沼、山林、牧場又は原野、その他
建物	居住用、店舗又は事務所用、工場用、倉庫用、その他用

(6)　交換により譲渡する資産の時価と取得する資産の時価との差額が、これらの時価のうちいずれか高い方の価額の20%以内であること。

　　　　　　　　　　　　　　　　　　　　(以下略)

ステージC❸土地・建物

30　貸アパートと隣接する貸駐車場の契約内容の見直し

■ 概　　要 ■

　自分名義の土地の上に、自分名義のアパート等の賃貸物件を建築し、賃貸の用に供した場合には、貸家建付地となり、自用地の評価に比べて土地の評価が下がります。具体的には「借地権割合×借家権割合×賃貸割合」分の割合が自用地の評価額から減額がされます。アパートの敷地部分については、上記の割合で減額がされますが、アパートに隣接した駐車場部分については、契約の方法や内容次第で自用地評価となるか、貸家建付地の評価となるかが違ってきます（相法22、評基通26）。

■ 事　　例 ■

　私の父が所有する賃貸アパートにはその敷地内に駐車場（父所有）があり、駐車場の利用者は全てアパートの賃借人となっています。このアパートの賃貸借契約は、アパートの各室について貸借人と締結するほか、駐車場についても月極めで駐車料を徴収しています。このような場合における賃貸アパート及び駐車場の敷地はどのように評価しますか。

■ 適　　用 ■

　駐車場の用に供されている土地は原則として雑種地として評価することとなりますが、事例のように宅地（建物の敷地の用に供されている土地）に接続している場合には駐車場の用に供されている土地についても宅地として評価することとなります（評価地目）。

　また、評価態様についても貸駐車場の用に供されている土地は、自用地として評価することを原則としますが、事例のように賃貸アパートの契約とは別個に契約されるとしても、当該貸駐車場がアパートに隣接していること（図①）

ステージC （相続発生が３年以上先であると予想）

及び駐車場の利用者がアパートの入居者とされていること等の要件を充足している場合には、当該駐車場の貸付けは、事実上はアパートの賃貸借と一体のものであると考えられますので、この場合はアパート及び駐車場の全体で一利用単位と考えて、その敷地全体を貸家建付地として評価することができるものと思われます。

（図①） **貸駐車場部分が賃貸アパートに隣接している場合**

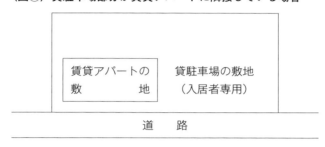

なお、上記のアパート及び駐車場の敷地全体を一利用単位として取り扱うための要件を充足していない場合、例えば(イ)貸駐車場がアパートとは道路（アパート入居者専用の通路等のようなものではない、ある程度の公共性を有する道路）を挟んで隔たった場所に存するとき（図②）又は(ロ)貸駐車場の利用者にアパートの入居者とその他の者が混在しているときは、当該賃貸アパートの敷地と当該駐車場の敷地との間には物理的・有機的一体性が認められないので、当該貸駐車場の敷地は、その全体を自用地として評価することになると考えらえられます。

この場合、貸駐車場の利用者を賃貸アパートの入居者と非入居者とに区分して、前者に係る部分を貸家建付地、後者に係る部分を自用地として、それぞれ面積等によりあん分して評価することも、その考え方に合理性がないとされ（入居者専用の駐車場としての一体性の観点から）、認められないものと考えられます。

（図②） 貸駐車場部分が賃貸アパートに隣接していない場合

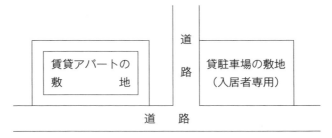

結　論

　よって、駐車場がアパートの建物と同一敷地内にある場合には、アパートの入居者以外の者に賃貸せず、アパートの入居者専用の駐車場とし、契約書においてもアパートの部屋と一体で駐車場を賃貸する旨を明記することで、駐車場部分についても貸家建付地の評価が可能となります。駐車場部分についても「借地権割合×借家権×賃貸割合」の割合分だけ、評価を下げることが可能となります。

ステージC (相続発生が3年以上先であると予想)

> **関連法令**
>
> 相続税法第22条　評価の原則
>
> 　この章で特別の定めのあるものを除くほか、相続、遺贈又は贈与により取得した財産の価額は、当該財産の取得の時における時価により、当該財産の価額から控除すべき債務の金額は、その時の現況による。

ステージC ❸ 土地・建物

31　自己資金で賃貸物件の購入を検討

■ 概　　要

　相続税の計算上、建物の相続税評価額は、市区町村が固定資産税を計算する際に用いる固定資産税評価額（建築費用の概ね５～７割）を用いて計算され、土地の相続税評価額は、国税庁から発表される路線価（公示価格の約８割）を用いて計算され、時価よりも低い評価額により相続税が計算されることとなります。

　また、アパートやマンションなど第三者に貸している建物については、①借家権（現状では３割）相当額を控除した評価額となること、②第三者に貸している建物が建っている土地については、更地評価額に（１－借地権割合×借家権割合）を乗じた評価額となること、などの理由から、賃貸用不動産の建築は相続税対策として大きな効果が期待されます。このパートでは、賃貸用不動産建築に伴う節税効果などをご紹介します。

■ 具体的内容

　相続税の計算をする場合の各資産の評価額は、相続税法の財産評価基本通達に基づいて算出することとなります。ここで、相続税は各相続人の『担税力』に応じた税負担を求める税金のため、１億円の現金を相続した相続人と時価１億円の土地を相続した相続人の税負担額を同じにしてしまうと、『担税力』に応じた税負担を求めていることにはなりません。

　よって、財産評価基本通達では、流動性（換金性）が比較的低くなる土地や建物といった不動産については、相続税評価額が時価よりも低くなるように設定し、不動産を相続した相続人の税負担額が低くなるように配慮されています。例えば、土地であれば時価の８割相当の評価額、建物であれば時価（建築費用）の５～７割程度の評価額となります。また、不動産も「自分で使っている不動

> ステージC　（相続発生が３年以上先であると予想）

産」と「第三者に貸している不動産」では、後者の方が、一般的には流動性が低くなるため、いわゆる『貸家』『貸宅地』『貸家建付地』については、相続税評価額が一段と下がるように財産評価基本通達が規定されています。

つまり、賃貸用不動産の建築を活用した相続税対策は、前述の評価特性を利用して、意図的に財産の内訳を相続税評価額の低いものに替えて、税負担額の減少を図ることになります。

さらに、賃貸用不動産は、小規模宅地の特例を選択することで、更なる評価減を実現することが可能となります。自宅で特例の限度枠全てを活用していない状況であれば、賃貸用不動産を建築して、小規模宅地の特例のフル活用を検討する価値は大いにあるといえます。よって、相続発生前に小規模宅地の特例をどの土地で適用し、特例の限度枠を全て使っているのか、まだ特例の限度枠に余力があるのかを把握することは非常に重要となってきます。

それでは、次の具体例で賃貸用不動産の建築がどの程度相続税対策となるか確認していきます。

具体例

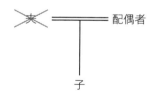

被相続人：夫
相続人：配偶者と子１人

被相続人の財産：５億円（小規模宅地の特例適用前）
　　　　　　　　⇒　３億円（小規模宅地の特例適用後）
相続税の総額：約6,900万円
　　　　　　　　（配偶者の税額軽減適用前）

【内訳】
現　　金：１億5,000万円
自宅家屋：　　5,000万円
自宅土地：２億5,000万円（165㎡）⇒　5,000万円（小規模宅地の特例適用後）
空　　地：　　5,000万円（100㎡）

上記の財産構成の家族に相続が発生した場合の相続税は、配偶者の税額軽減適用前では、約6,900万円となります。もし、被相続人である夫が生前に相続

税対策として空地に賃貸用建物を1億円で建築した場合に、相続財産としての評価額及び相続税負担がどのように変化するかを確認してみます。

被相続人：夫
相 続 人：配偶者と子1人

被相続人の財産：4億3,150万円
　　　　　　　　（小規模宅地の特例適用前）
　　　⇒　　　　2億1,175万円
　　　　　　　　（小規模宅地の特例適用後）
相続税の総額：約3,700万円
　　　　　　　　（配偶者の税額軽減適用前）

【内訳】
　現　　　金：　5,000万円
　自 宅 家 屋：　5,000万円
　自 宅 土 地：2億5,000万円（165㎡）⇒ 5,000万円（小規模宅地の特例適用後）
　賃貸用建物：　4,200万円
　賃貸用土地：　3,950万円（100㎡）⇒ 1,975万円（小規模宅地の特例適用後）

※建物の固定資産税評価額を建築費用の6割
　借地権割合70％、借家権割合30％として計算しています。

　前述したように、建物の相続税評価額は固定資産税評価額により評価され、固定資産税評価額は、一般的に建物の建築費用の5～7割（上記の設例では7割としています）となります。さらに、賃貸用建物は借家権相当額を控除することができるため、最終的に建築費用の3.5割～4.9割となります。つまり、建築費用1億円の賃貸用建物は、相続税を計算する上では、約半分以下の評価額となります。
　また、ここで着目すべき点が小規模宅地の特例を限度額まで使用している点です。対策前では、小規模宅地の特例を適用できる宅地が自宅のみで、限度額いっぱいまでは利用できていませんでしたが、賃貸用不動産建築により、貸付事業用宅地等の特例が適用できるようになったため、小規模宅地の特例を最有効活用できる結果となっています。
　そして、この場合の相続税（配偶者の税額軽減の適用前）は約3,700万円と

ステージC　（相続発生が3年以上先であると予想）

なり、賃貸用建物の建築前と比較して、約3,200万円（約6,900万円－約3,700万円）減少します。ただし、これは建築直後におけるものであり、相続発生時のものではないことにご注意下さい。建築後は、賃貸収入が夫の財産形成に寄与し、相続時には相続財産となる可能性があります。土地所有者の名義で建築することが常に有利とは限らないので、誰の名義で建築するかの検討も重要となります。

注 意 点

　一昔前、相続税対策として、「借金をして賃貸用不動産を建築」するといった方が非常に多く見受けられました。確かに、相続税の節税という「一つの側面」から見れば、節税という目的は達成していますが、少子高齢化の現在において、賃貸用不動産の空室率が高く、賃料だけでは借入返済が困難となり、結果として不動産を手放さざるを得なくなったという方も散見されます。重要なのは、「相続税の節税」という一時点のみを捉えるのでなく、不動産と借入を引き継いだ相続人が、賃料で借入金を返済しながらアパート経営が上手く回っていくかということも含めてトータルに判断をして、実行に移さなければなりません。

　日本は、今後、ますます少子高齢化が進み、それに伴いアパートの利用者数は減少傾向にあり、アパート経営が難しい時代に入っていきます。一昔前のように単純に賃貸用不動産の建築＝相続税対策という発想だけでなく、有効な資産活用の一つの手段として位置づけ、賃貸用アパートを建築する予定地の近隣状況、例えば他の賃貸用不動産の入居状況、人口の増減状況、都市計画予定など、今後アパート経営をするにふさわしい地域であるかの検討がかかせません。

ステージC❹ その他

32 生命保険金の非課税枠の活用検討

■ 概　要 ■

　被相続人が死亡したことによって相続人が受け取る生命保険金や損害保険金で、その保険料の全部又は一部を被相続人が負担していたものは、相続税の課税対象となります。しかし、全額が相続税の課税対象となるわけではなく、一定の非課税枠が準備されています。受け取った生命保険金や損害保険金が、この非課税限度額に満たない場合は、相続税の課税対象にはなりませんし、非課税限度額を超えた場合であっても、超えた部分のみが課税対象となります（相法3①一）。

■ 具体的内容 ■

1．相続税の課税対象となる生命保険金等

　被相続人が被保険者となっている死亡保険金を、保険金受取人である相続人が受け取った場合、その全てが相続税の対象となるわけではありません。受け取った保険金は、相続税、贈与税、所得税のいずれかとして課税されることになります。

　相続税が課税されるのは、死亡した被保険者と保険料の負担者が同一の場合です。つまり、被相続人が自分を被保険者として、自分で保険料を支払っていた場合です。

　一方、所得税となる場合は、保険料の支払者が保険料の受取人であった場合です。この場合の所得税は一時所得として課税されます。

　なお、贈与税となる場合は、被保険者と保険料の受取人、保険料の支払者のいずれもが別の人である場合です。

　誰が保険料を支払っていたかに注意すれば、容易に判別することが可能です。次の図を参考にしてください。

ステージC　（相続発生が3年以上先であると予想）

保険料の負担者	被保険者	保険金受取人	税の種類
被相続人	被相続人	相続人	相続税
相続人			所得税（一時所得）
第3者			贈与税
相続人たる保険金受取人が納税者となる場合			

2．非課税限度額

　相続人が受け取った生命保険金等のうち、相続税が課税されるのは、全ての相続人が受け取った生命保険金等の合計額から、非課税限度額を控除した金額です。

　生命保険金等の非課税限度額は、次の算式により求めます（相基通12-9）。

> 500万円×法定相続人の数

3．課税される生命保険金等の額

　相続税の課税対象となる金額は、全ての相続人が受け取った生命保険金等の合計額から非課税限度額を控除した残額となります。

　また、相続人各人が受け取った生命保険金等のうち、課税される部分の金額については、次の算式により計算することができます。

$$\text{その相続人が受け取った生命保険金等の金額} - \text{非課税限度額} \times \frac{\text{その相続人が受け取った生命保険金等の金額}}{\text{全ての相続人が受け取った生命保険金等の合計額}}$$

具体例

【ケース1】

被相続人Aが死亡し、死亡保険金6,000万円を受け取りました。内訳は次の通りです。

配偶者B：3,300万円、長女C：900万円、長男D：900万円、次女E：900万円。

この場合の非課税限度額は、法定相続人が、配偶者B、長女C、長男D、次女Eの4名ですので、500万円×4名＝2,000万円となります。

各人の非課税限度額の計算は次の通りになります。

$$配偶者B：2,000万円（非課税限度額） \times \frac{3,300万円（Bが受け取った金額）}{6000万円（総額）} = 1,100万円$$

$$\begin{matrix}長女C： \\ 長男D： \\ 次女E：\end{matrix} \quad 2,000万円（非課税限度額） \times \frac{900万円（C、D、Eがそれぞれ受け取った金額）}{6,000万円（総額）} = 300万円$$

よって、各人の課税価格に算入される生命保険金等の金額は、次の通りになります。

配偶者B：　　　　　3,300万円－1,100万円＝2,200万円
長女C、長男D、次女E：　それぞれ　900万円－300万円＝600万円

【ケース2】

相続人が配偶者と子ども2人で、相続財産が2億円の場合について、うち2,000万円を現金で相続する場合と、保険金として相続する場合の違いを見てみましょう。

現金で相続する場合の相続税は次の通りです。

① 基礎控除……3,000万円＋600万円×3人＝4,800万円

ステージC （相続発生が３年以上先であると予想）

② 課税遺産総額……２億円 − 4,800万円 = １億5,200万円
③ 法定相続分……配偶者：１億5,200万円 × $\frac{1}{2}$ = 7,600万円
　　　　　　　　　子　：１億5,200万円 × $\frac{1}{4}$ = 3,800万円
④ 相続税の総額……配偶者：7,600万円 × 30% − 700万円 = 1,580万円
　　　　　　　　　　子　：3,800万円 × 20% − 200万円 = 　560万円
　　　　　　　　　　総　額：1,580万円 + 560万円 × ２人 = 2,700万円
⑤ 相続税額……配偶者：2,700万円 × $\frac{1}{2}$ = 1,350万円
　　　　　　　　1,350万円 − 1,350万円（配偶者の税額軽減）= ０円
　　　　　　　子　：2,700万円 × $\frac{1}{4}$ = 675万円（各々）
⑥ 合計……配偶者０円　+　子675万円 × ２人 = 　1,350万円

2,000万円が生命保険である場合。内訳は、配偶者1,000万円、子各500万円です。
① 基礎控除……3,000万円 + 600万円 × ３人 = 4,800万円
② 課税遺産総額……２億円 − 4,800万円 = １億5,200万円
③ 法定相続分……配偶者：１億5,200万円 × $\frac{1}{2}$ = 7,600万円
　　　　　　　　　子　：１億5,200万円 × $\frac{1}{4}$ = 3,800万円
④ 生命保険の非課税……500万円 × ３人 = 1,500万円
　　　　　　　　配偶者：1,500万円 × $\frac{1,000万円}{2,000万円}$ = 750万円
　　　　　　　　子　：1,500万円 × $\frac{500万円}{2,000万円}$ = 375万円
⑤ 課税相続財産……配偶者：7,600万円 − 750万円 = 6,850万円
　　　　　　　　　　子　：3,800万円 − 375万円 = 3,425万円
⑥ 相続税の総額……配偶者：6,850万円 × 30% − 700万円 = 1,355万円
　　　　　　　　　　子　：3,425万円 × 20% − 200万円 = 485万円
　　　　　　　　　　総　額：1,355万円 + 485万円 × ２人 = 2,325万円
⑦ 相続税額……配偶者：2,325万円 × $\frac{1}{2}$ = 1,162.5万円
　　　　　　　　1,162.5万円 − 1,162.5万円（配偶者の税額軽減）= ０円
　　　　　　　子　：2,325万円 × $\frac{1}{4}$ = 581.25万円（各々）
⑧ 合計……配偶者　０円 + 子　581.25万円 × ２人 = 　1,162.5万円

つまり、同じ2,000万円でも、現金で相続する場合と、生命保険金で相続する場合には、1,350万円−1,162.5万円＝187.5万円の差が出ます。

注意点

　非課税限度額は相続人一人当たり500万円ということになりますが、各人それぞれから500万円を引くのではなく、非課税限度額を、生命保険金等を受け取った金額に応じて按分するという点に注意が必要です。

　また、非課税限度額の計算に用いるのは法定相続人の数であるので、相続放棄の場合であっても人数に含めることができる点にも注意が必要です。

　相続欠格者及び廃除された相続人は、法定相続人の資格を失いますが、欠格者又は廃除された相続人の子は代襲相続することができますので、代襲相続人は法定相続人の数に含まれます。

　法定相続人に養子が含まれている場合は、法定相続人として数えることができる養子の数は、他に実子がいる場合は1人まで、実子がいない場合であっても2人までと決まっています。

> ステージC （相続発生が３年以上先であると予想）

国税庁タックスアンサー

No.4114 相続税の課税対象になる死亡保険金

1 制度の概要

被相続人の死亡によって取得した生命保険金や損害保険金で、その保険料の全部又は一部を被相続人が負担していたものは、相続税の課税対象となります。

この死亡保険金の受取人が相続人(相続を放棄した人や相続権を失った人は含まれません。)である場合、全ての相続人が受け取った保険金の合計額が次の算式によって計算した非課税限度額を超えるとき、その超える部分が相続税の課税対象になります。

500万円×法定相続人の数＝非課税限度額

なお、相続人以外の人が取得した死亡保険金には非課税の適用はありません。
（注）1 法定相続人の数は、相続の放棄をした人がいても、その放棄がなかったものとした場合の相続人の数をいいます。
　　　2 法定相続人の中に養子がいる場合、法定相続人の数に含める養子の数は、実子がいるときは1人、実子がいないときは2人までとなります。

法定相続人の数に含める養子の数の制限については、相続人の中に養子がいるときを参照してください。

2 各人に係る課税金額

各相続人一人一人に課税される金額は、次の算式によって計算した金額となります。

$$\text{その相続人が受け取った生命保険金の金額} - (\text{非課税限度額}) \times \frac{\text{その相続人が受け取った生命保険金の金額}}{\text{すべての相続人が受け取った生命保険金の合計額}}$$

$$= \text{その相続人の課税される生命保険金の金額}$$

（注）この計算は、相続税の申告書第9表「生命保険金などの明細書」を使用すると分かりやすく便利です。

ステージC❹その他

33 死亡退職金の非課税枠の活用検討

概　要

　相続人が受け取る退職手当等は、全額が相続税の対象となるわけではありません。相続人が受け取った退職手当等の金額が、非課税限度額に満たない場合は、退職手当等については相続税は課税されませんし、非課税限度額を超えた場合であっても、相続税が課税されるのは、超えた部分に対してのみです。

具体的内容

1．相続財産とみなされる退職手当等の金額

　被相続人の死亡によって、被相続人が受け取るはずであった退職手当や功労金を、相続人が受けた場合は、相続財産とみなされます。死亡を原因として受け取る退職金に限定されず、実質的に被相続人の退職手当等として支給される金品をいい、現物支給も含みます。

　また、相続財産とみなされる退職手当等は、被相続人の死亡後3年以内に支給が確定したものとされています。死亡後3年以内に支給が確定したものとは、死亡退職で支給される金額が被相続人の死亡後3年以内に確定したものに加え、生前に退職していて、支給金額が被相続人の死亡後3年以内に確定したものも含みます。

　死亡した者の退職金であっても、死亡後3年を経過してから支給が確定したものについては、相続税の課税価格計算の基礎には含まれません。ただし、これは遺族の一時所得として所得税の対象になります。

2．非課税限度額

　相続人が受け取った退職手当等のうち、相続税が課税されるのは、全ての相続人が受け取った退職手当等の合計額から、非課税限度額を控除した金額です。

ステージC （相続発生が3年以上先であると予想）

死亡退職金の非課税限度額は、次の算式により求めます。

500万円×法定相続人の数

3．課税される退職手当等の額

相続人各人が受け取った退職手当等のうち、課税される部分の金額については、次の算式により計算することができます。

$$\text{その相続人が受け取った退職手当等の金額} - \text{非課税限度額} \times \frac{\text{その相続人が受け取った退職手当等の金額}}{\text{全ての相続人が受け取った退職手当等の合計額}}$$

具体例

被相続人Aが死亡し、退職手当を5,000万円受け取りました。内訳は次の通りです。配偶者B：3,000万円、長男C：1,000万円、次男D：1,000万円。

この場合の非課税限度額は、法定相続人が、配偶者B、長男C、次男Dの3名ですので、500万円×3名＝1,500万円となります。

各人の非課税限度額の計算は次の通りになります。

配偶者B： 1,500万円（非課税限度額） × $\frac{3,000万円（Bが受け取った金額）}{5,000万円（総額）}$ ＝ 900万円

長男C：
次男D： 1,500万円（非課税限度額） × $\frac{1,000万円（C、Dがそれぞれ受け取った金額）}{5,000万円（総額）}$ ＝ 300万円

よって、各人の課税価格に算入される退職手当等の金額は、次の通りになり

ます。

  配偶者B ：   3,000万円－900万円＝2,100万円
 長男C、次男D： それぞれ 1,000万円－300万円＝ 700万円

■注　意　点■

　非課税限度額は相続人一人当たり500万円ということになりますが、各人それぞれから500万円を引くのではなく、非課税限度額を、退職手当等を受け取った金額に応じて按分するという点に注意が必要です。

　また、非課税限度額の計算に用いるのは法定相続人の数であるので、相続放棄の場合であっても人数に含めることができる点にも注意が必要です。

　相続欠格者及び廃除された相続人は、法定相続人の資格を失いますが、欠格者又は廃除された相続人の子は代襲相続することができますので、代襲相続人は法定相続人の数に含まれます。

　死亡退職金の非課税枠が設けられているのは、相続人に対してのみですので、相続人以外が受け取った場合は課税されてしまいます。

> ステージC （相続発生が3年以上先であると予想）

国税庁タックスアンサー

No.4117　相続税の課税対象になる死亡退職金

1　相続財産とみなされる退職手当金等
　被相続人の死亡によって、被相続人に支給されるべきであった退職手当金、功労金その他これらに準ずる給与(これらを「退職手当金等」といいます。)を受け取る場合で、被相続人の死亡後3年以内に支給が確定したものは、相続財産とみなされて相続税の課税対象となります。
(注)1　被相続人とは死亡した人のことです。
　　 2　退職手当金等とは、受け取る名目にかかわらず実質的に被相続人の退職手当金等として支給される金品をいいます。
　　　　したがって、現物で支給された場合も含まれます。
　　 3　死亡後3年以内に支給が確定したものとは次のものをいいます。
　　　(1)　死亡退職で支給される金額が被相続人の死亡後3年以内に確定したもの
　　　(2)　生前に退職していて、支給される金額が被相続人の死亡後3年以内に確定したもの

2　非課税となる退職手当金等
　相続人が受け取った退職手当金等はその全額が相続税の対象となるわけではありません。
　全ての相続人（相続を放棄した人や相続権を失った人は含まれません。）が取得した退職手当金等を合計した額が、非課税限度額以下のときは課税されません。
　非課税限度額は次の式により計算した額です。

　　　500万円×法定相続人の数＝非課税限度額

　なお、相続人以外の人が取得した退職手当金等には、非課税の適用はありません。
(注)1　法定相続人の数は、相続の放棄をした人がいても、その放棄がなかったものとした場合の相続人の数をいいます。
　　 2　法定相続人の中に養子がいる場合の法定相続人の数に含める養子の数は、実子がいるときは1人、実子がいないときは2人までとなります。

（以下略）

ステージC❹その他

34 公正証書遺言書作成の検討

概　要

　相続によるスムーズな承継のために、遺言を書くことをおすすめします。

　遺言とは、一定の方式によってされる一方的・単独の意思表示で、その者の死亡によって法的な効果が発生します。

　相続が「争族」といわれるように、子どもたちのためにと苦労して残した財産が、争いのもとになってしまうのはとても悲しいことです。そこで、争うことなく遺産を相続させるために必要になってくるのが「遺言」です。遺言は遺言者自身の意思で、誰にどれくらいの割合で遺産を与えるか、具体的にどの財産を誰にあげるのかを決めることができます。財産の持ち主である故人の意思とあらば、よほど理不尽な内容でない限り、相続人たちも納得してくれるでしょう。

　遺言書を作っておけば、世話になった友人、親類、息子の嫁など相続人ではない人たちにも遺産を残すことができます。

　トラブルを防ぐのはもちろんのこと、このような人たちへ感謝の気持ちを伝える役割も、遺言にはあるのです。

具体的内容

1．**遺言でできる法定事項**

(1) **財産処分行為**

　・遺贈

(2) **相続財産に関する行為**

　・相続分の指定及びその委託

　・遺産分割の方法の指定及びその委託

　・遺産分割の禁止（期間は5年以内）

ステージC （相続発生が3年以上先であると予想）

- ・遺産分割における共同相続人の担保責任の指定
- ・遺留分減殺方法の指定

(3) **身分上の行為**
- ・子の認知
- ・後見人及び後見監督人の指定
- ・遺言執行者の指定及びその委託

2．遺言の有効性

遺言は一定の要式を伴う法律行為であるため、作成したからといって常に有効であるとは限りません。民法で定める方式に沿っていない遺言、遺言能力のない者がした共同遺言などは無効となります。そのほか、公序良俗に反するもの、錯誤に基づく遺言も無効です。

3．遺言の種類

遺言の種類		メリット	デメリット
普通方式	自筆証書遺言	①ひとりで書けるので、最も簡単。 ②作成したことを秘密にできる。	①紛失、偽造・変造の危険性。 ②詐欺・脅迫の可能性。 ③内容や形式不備で無効になる可能性がある。 ④財産が多い場合には難しい。 ⑤検認を受けなければならない。
	公正証書遺言	①公証人が作るため、内容や形式が不備などの理由で無効になる可能性は低い。 ②原本が公証役場に保管されるため、改変や破棄、隠匿などの危険性がない。 ③署名押印さえできれば、字が書けない者でも作成できる。 ④検認の手続きを要しない。	①費用がかかる。手続きが面倒。 ②証人2人の立会いを要する。 ③公証人、承認の立会いが必要なため完全に秘密にはできない。
	秘密証書遺言	①内容を秘密にできる。 ②署名押印さえできれば、字が書けない者でも作成できる。 ③費用が安い。	①紛失や隠匿の危険性 ②内容や形式の不備で無効になる可能性がある。 ③検認を受けなければならない。 ④証人の2人以上の立会いを要する。

4．公正証書遺言の作成費用

項目	区分	料金
証書の作成	目的の価額が	
	100万円以下	5,000円
	200万円以下	7,000円
	500万円以下	11,000円
	1,000万円以下	17,000円
	3,000万円以下	23,000円
	5,000万円以下	29,000円
	1億円以下	43,000円
	1億円を超え3億円以下	43,000円に5,000万円ごとに13,000円を加算
	3億円を超え10億円以下	95,000円に5,000万円ごとに11,000円を加算
	10億円を超える場合	249,000円に5,000万円ごとに8,000円を加算
遺言手数料	目的の価額が1億円以下のとき	11,000円を加算
その他	正本又は謄本1枚に付き250円	
出張	日当	20,000円（4時間以内は10,000円）

【計算例】

3,000万円の財産を妻と子にそれぞれ$\frac{1}{2}$ずつ相続させる遺言

  証書作成 23,000円×2＝46,000円

  遺言手数料 11,000円

  合計   57,000円

  その他に 250円×（枚数－4枚）

> ステージC （相続発生が3年以上先であると予想）

5．必要書類

① 土地建物がある場合は、その謄本と評価証明書
② 遺言者の戸籍謄本
③ 遺言者の印鑑証明書（3ヶ月以内のもの）
④ 遺言者の顔写真のある公的機関発行の身分証明書
⑤ 遺言者と相続人の続柄、名前、生年月日がわかる戸籍謄本等

具 体 例

〈公正証書遺言の見本〉

```
平成26年第　○○○○号

遺言公正証書
　本職は、遺言者○○○○の嘱託により、証人○○○
○、証人○○○○の立会をもって、次の遺言の口述を
筆記し、この証書を作成する。
　第1条　遺言者は、その所有する次の財産を、遺言者
の配偶者　○○○○（昭和○○年○○月○○日生、
以下「○○」という）に相続させる。
　1　土　地
　　　所　在　東京都○○句○○町○丁目
　　　地　番　187番○○
　　　地　目　宅地
　　　地　積　○○○㎡
　2　建　物
　　　所　在　東京都○○句○○町○丁目
　　　家屋番号　○○－○
　　　構　造　木造スレート葺○階建
　　　地　積　○○㎡
　第2条　遺言者は、その所有する次の財産を、遺言者
の長男　○○○○（昭和○○年○○月○○日生、以下
「○○」という）に相続させる。
```

```
　以上の各事項を遺言者及び証人に読み聞かせたとこ
ろ一同その筆記の正確なことを承認し、各自次に書
名捺印する。
　遺言者　　　　　○○○○　㊞
　証　人　　　　　○○○○　㊞
　証　人　　　　　○○○○　㊞
　この証書は、平成○○年○月○日、本職役場にお
いて、民法第969条第1号ないし第4号所定の方式に
従って作成し、同条第5号に基づき本職次に署名捺印
する。
　東京都○○句○○町○丁目○番○号
　東京法務局所属
　　　公証人　　　　　○○○○
　この正本は、嘱託人　○○○○の請求により、平成
○○年○月○日、本職役場において、原本に基づき作
成した。
　東京都○○句○○町○丁目○番○号
　東京法務局所属
　　　公証人　　　　　○○○○
```

注 意 点

1．筆　跡

　自筆証書遺言は本文、署名ともに自筆でなければなりません。秘密証書遺言は本文は代筆やワープロでもかまいません。しかし、署名は必ず自筆でなければなりません。
　また、遺言書の加除訂正は、変更などについては、どちらの方式でも本人が

自書し、押印しなければなりません。

2．思意能力

遺言者は、遺言をするときにおいてその能力を有していなければなりません。遺言をする能力とは、「年齢」、「自分の行なった行為の結果を判断しうる精神能力」及び「自分が一人で契約などの有効な法律行為ができる能力」をいいます。

遺言のできる年齢については、未成年者であっても満15歳になれば、遺言能力があるとされています。意思能力については、重い病気などで意識が朦朧としているときであったり、正気に戻って意識がはっきりとしているといったような状態の人が残した遺言書については、本当に有効なのかどうか問題になることがあります。

3．相続人の欠格事由

民法では、相続権を有する相続人が、その相続権を失う条件を規定しています。相続権を失い相続人になれない者は次のような事項を行なった者です。

① 故意に被相続人を死亡させたり死に至らせようとした者
② 詐欺脅迫に関連して作成された遺言書の「取消」「変更」を妨げたり、反対に強要した者
③ 相続に関する被相続人の遺言書を偽造、変造、又は隠匿した者

特に、遺言書の偽造、変造、隠匿については、「相続権の喪失」といった重大な結果をもたらすと考えずに行なわれる場合があるので、注意が必要です。

ステージC　（相続発生が3年以上先であると予想）

関連法令

民法第967条　普通の方式による遺言の種類
　遺言は、自筆証書、公正証書又は秘密証書によってしなければならない。ただし、特別の方式によることを許す場合は、この限りでない。
　　第968条　自筆証書遺言
1　自筆証書によって遺言をするには、遺言者が、その全文、日付及び氏名を自書し、これに印を押さなければならない。
2　自筆証書中の加除その他の変更は、遺言者が、その場所を指示し、これを変更した旨を付記して特にこれに署名し、かつ、その変更の場所に印を押さなければ、その効力を生じない。

　第969条　公正証書遺言
　公正証書によって遺言をするには、次に掲げる方式に従わなければならない。
一　証人2人以上の立会いがあること。
二　遺言者が遺言の趣旨を公証人に口授すること。
三　公証人が、遺言者の口述を筆記し、これを遺言者及び証人に読み聞かせ、又は閲覧させること。
四　遺言者及び証人が、筆記の正確なことを承認した後、各自これに署名し、印を押すこと。ただし、遺言者が署名することができない場合は、公証人がその事由を附記して、署名に代えることができる。
五　公証人が、その証書は前各号に掲げる方式に従って作ったものである旨を附記して、これに署名し、印をおすこと。

　第970条　秘密証書遺言
1　秘密証書によって遺言をするには、次に掲げる方式に従わなければならない。
一　遺言者が、その証書に署名し、印を押すこと。
二　遺言者が、その証書を封じ、証書に用いた印章をもってこれに封印すること。
三　遺言者が、公証人1人及び証人2人以上の前に封書を提出して、自己の遺言書である旨並びにその筆者の氏名及び住所を申述すること。
四　公証人が、その証書を提出した日付及び遺言者の申述を封紙に記載した後、遺言者及び証人とともにこれに署名し、印を押すこと。
2　第968条第2項の規定は、秘密証書による遺言について準用する。

ステージC❹その他

35　会社貸付金の株式転換（DES）を検討

■概　　要■

　債務を株式と交換することをDES（Debt Equity Swap）といいます。経営不振企業の再生を支援するために、金融機関が利用する手法です。DESは債務者にとってとてもメリットが大きい制度です。なぜなら、借入金が減少し、資本に振り変わることによって自己資本比率が改善して、元利払いの負担がなくなるためです。ただ、債権者が株主になるため、経営に参加されるというデメリットもあります。

　また、貸付けている側にとって、貸付金より株式にすると評価が下がる場合が多くあります。

■具体的内容■

〈メリット〉

　会社の過剰債務圧縮、会社の経営指標でもある自己資本比率の改善につながります。

　債権者としては、株式の配当収入、企業再生に伴う株価上昇によりキャピタルゲインが期待できます。

　また、被相続人が会社に対して貸付を行っている場合には、被相続人が所有している債権は相続財産となります。会社が債務超過の場合等は、DESを行うことにより株式の出資として取り扱われ、相続財産の価額を押さえることができきます。

〈デメリット〉

　DESにより借入金が資本金になるため、資本が増加します。

　その増加額によっては地方税の均等割の増加、また中小企業等の特例である交際費の定額控除限度額までの損金算入は使えなくなる可能性が生じ、さらに

ステージC (相続発生が3年以上先であると予想)

外形標準課税の適用対象になる可能性もあるため注意が必要です。

また、債務超過状態等でDESを実行する場合、法人税法上非適格現物出資に該当するため、債務者である法人において、債務消滅益に対する課税が生じます。

具体例

従業員34名の不動産管理会社です。社長が子息に会社を継がせたいと思っております。

社長は会社の株の大半を保有しているほか、約3,000万円を会社に貸し付けています。この貸付金を株に変えることで、相続税対策になる場合があるということですが、その具体的な方法と、どのような場合に相続税対策となりますか。

社長からの会社に対する貸付金は、社長が死亡した場合には、金銭債権として相続財産となり、相続税の対象になります。

この場合、債権額、すなわち会社に貸し付けている元本の額が相続財産の額になります。また、会社から利息を受け取る旨の約定があるのであれば、相続開始時点における既経過の未収利息の額を含めた金額が相続税の対象になります。

ところで、社長がこの貸付金を会社に現物出資して増資をした場合、通常であれば、会社の側からみると、借入金が資本金に変わっただけで損益は生じません。また株主の側からみても、貸付金が減少した分だけ株式の評価額が増加するわけで、全体としての増減はありません。

しかし、不動産管理会社で毎期一定の利益があり、株価が高い場合、株価の高いときにDESをし、株価対策を行って株価を下げ、その後贈与を実行します。

このようにして相続税対策として、相続財産の額を引き下げることも重要ではありますが、相続税の納税資金を確保しておくことも必要となります。

注 意 点

① 同族会社において、この貸付金の現物出資が公正でない発行価額で実行され、さらに、この現物出資により持株割合が変動する場合、時価と発行価額の差額に対して株主間での課税の問題が生じてきます。時価よりも低い発行価額の場合には、他の株主から社長（貸付金債権者）に対して経済的利益の移転があったものとみなされて、社長（貸付金債権者）に対して贈与税や所得税が課税されてしまいます。また逆に、時価よりも高い発行価額の場合には、社長（貸付金債権者）から他の株主に対して経済的利益の移転があったものとみなされます。

② DESにより、会社の資本金が1億円を超えると、以下のような中小企業の優遇税制が受けられなくなります。無償減資により対策は可能ですが、無償減資の場合は、税法上、資本金が減少しても資本金等の金額は変わらないので、下記(ニ)の法人住民税の均等割も変わりません。

(イ) 法人税の税率軽減

(ロ) 交際費の損金算入

(ハ) 特別償却、特別税額控除

(ニ) 法人住民税の均等割

(ホ) 30万円未満の減価償却資産の即時償却

③ 債務超過時のDESの場合には、債権の時価が帳簿価額を大きく下回ることになりますので、債務者である法人においては、債務の帳簿価額と時価との差額は債務消滅益として認識し、課税が発生します。

第3部

税金別で考える節税対策

❶所得税

36 小規模企業共済への加入

■ 概　　要 ■

　小規模企業共済とは個人事業主又は小規模企業の役員が、事業を廃止した場合や役員を退職した場合などに、生活資金等をあらかじめ積み立てておくための共済制度です。

　小規模企業共済法に基づき、独立行政法人中小企業基盤整備機構が運営しています。

■ 加入資格 ■

1．建設業、製造業、運輸業、不動産業、農業などを営む場合は、常時使用する従業員の数が20人以下の個人事業主または法人（会社など）の役員
2．商業（卸売業・小売業）、サービス業を営む場合は、常時使用する従業員の数が5人以下の個人事業主または法人（会社など）の役員
3．事業に従事する組合員の数が20人以下の企業組合の役員や常時使用する従業員の数が20人以下の協業組合の役員
4．常時使用する従業員の数が20人以下であって、農業の経営を主として行っている農事組合法人の役員
5．常時使用する従業員の数が5人以下の弁護士法人、税理士法人などの士業法人の社員
6．上記1．、2．に該当する個人事業主が営む事業の経営に携わる共同経営者（個人事業主1人につき2人まで）

掛金支払時

　この制度の掛金は、所得税法上、小規模企業共済等掛金控除として各年の課税所得金額から控除することができます。つまり毎年行う年末調整や確定申告で各人の所得税を計算する時に控除されることになります。掛金は月額1,000円から7万円の範囲（500円単位）で自由に選ぶことができます。

　年末調整又は確定申告時には、その掛金の証明のために、中小機構発行の「小規模企業共済掛金払込証明書」が必要です。これは12月くらいに掛金支払者に中小機構より送付されてきます。

　また1年分を前納した場合にも、その支払った前納掛金を支払った年の掛金として所得控除することができます。

共済金受取時

　共済金を一括で受け取る場合には税法上、退職所得として扱われます。そのため、通常の所得税よりも税制上で優遇されます。また分割で受け取る場合は公的年金等の雑所得扱いとなり、こちらも同様に優遇されています。

死亡退職金受取時

　共済契約者が亡くなったために遺族が共済金を受け取る場合（死亡退職金）には、相続税法上みなし相続財産として相続税の計算に含まれます。

解約手当金受取時

　65歳以上の方が任意解約した場合の解約手当金は退職所得として扱われます。一方、65歳未満の方が任意解約した場合の解約手当金は一時所得として扱われます。

掛金支払時の節税効果

掛金月額7万円で課税所得金額5,000万円のケース

条件	小規模企業共済		加入前	加入後
条件	月額掛金		0円	70,000円
条件	課税所得金額		50,000,000円	50,000,000円
条件	年間掛金		0円	840,000円
条件	掛金控除後所得金額		50,000,000円	49,160,000円
所得税	税率		45%	45%
所得税	控除額		4,796,000円	4,796,000円
所得税	所得税額		17,704,000円	17,326,000円
復興特別所得税	税率		2.1%	2.1%
復興特別所得税	復興特別所得税		371,784円	363,846円
所得税及び復興特別所得税			18,075,700円	17,689,800円
所得税及び復興特別所得税の節税額			385,900円	
住民税	所得割額	都道府県民税 税率	4%	4%
住民税	所得割額	都道府県民税	2,000,000円	1,966,400円
住民税	所得割額	市町村民税 税率	6%	6%
住民税	所得割額	市町村民税	3,000,000円	2,949,600円
住民税	均等割額		5,000円	5,000円
住民税	住民税額		5,005,000円	4,921,000円
住民税の節税額			84,000円	
節税額の合計			469,900円	

注意点

　自己都合により解約（任意解約）した場合に、掛金の納付月数が240ヶ月（20年）未満だと、受け取れる解約手当金が掛金残高を下回ります。また、掛金の納付月数が12ヶ月（1年）未満で解約となった場合は、解約手当金は受け取れません。

　掛金の未払いが12ヶ月以上となり、中小機構によって解約（機構解約）となった場合は、解約手当金が掛金残高を下回ることがあります。

所得税

国税庁タックスアンサー

No.1135　小規模企業共済等掛金控除

　小規模企業共済等掛金控除は、納税者が小規模企業共済法に規定する共済契約の掛金、確定拠出年金法に規定する個人型年金の加入者掛金及び心身障害者扶養共済制度の掛金を支払った場合に受けられる所得控除です。
　控除できる金額はその年に支払った掛金の全額です。
　控除できる掛金は次の三つです。

1　小規模企業共済法の規定によって独立行政法人中小企業基盤整備機構と結んだ共済契約の掛金（ただし、旧第二種共済契約の掛金はこの控除ではなく生命保険料控除の対象となります。
2　確定拠出年金法に規定する企業型年金加入者掛金又は個人型年金加入者掛金
3　地方公共団体が実施する、いわゆる心身障害者扶養共済制度の掛金（この共済制度とは、地方公共団体の条例で精神又は身体に障害がある者を扶養する者を加入者として、その加入者が地方公共団体に掛金を納付し、当該地方公共団体が心身障害者の扶養のための給付金を定期に支給することを定めている制度のうち一定の要件を備えているものをいいます。）

　この控除を受ける場合は、確定申告書の小規模企業共済等掛金控除の欄に記入するほか、支払った掛金の証明書を確定申告書に添付するか提示することが必要です。なお、給与所得者は、「給与所得者の保険料控除申告書」に添付して給与の支払者に提出するか同申告書を提出する際に提示してください。

❶所得税

37 個人型確定拠出年金への加入を検討

■ 概　要 ■

確定拠出年金とは、公的年金の上乗せとして位置付けられている年金制度で、企業型と個人型の二種類があります。個人型の確定拠出年金は、自営業者などが任意に加入できる年金制度となっています。具体的には掛金は全額加入者が拠出し、運用方法も加入者が自分で決めることになります。そして、将来受け取ることの出来る年金額は、自身の運用の結果次第によって決まるのです。

この項目では主に個人型の確定拠出年金について説明していきます。

■ 具体的内容 ■

1．制度のしくみ

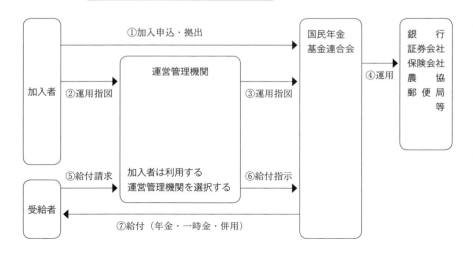

確定拠出年金（個人型）のしくみ

制度への加入から給付を受けるまでの大まかな流れとしては、まず加入者は国民年金基金連合会に加入申込みをし、運営管理機関（銀行・証券会社など）と掛金の額を決定します（①）。加入者は選択した運営管理機関より運用商品の情報を受けますので、自ら運営商品を選択し、運営の指図をします（②）。そして加入者が60歳になると老齢給付金の請求ができるのです（⑤）。

　なお、給付の方法は、年金や一時金、その両者の併用が選択できます（⑦）。

2．税務上のメリット

　確定拠出年金の大きな特徴は、健康保険料や国民・厚生年金保険料などと同様に、支払った掛金が全額所得控除の対象となることです。所得控除は所得税や住民税の税額の計算上所得金額から控除されるので、その分税金を大幅に減らすことができる効果があります。

　また、運用の途中で生じた運用益について、通常は年金の積立残高に対して特別法人税がにかかりますが、現在は課税停止中となっているため、運用損が生じていなければ、運用益がそのまま100％積み立てられていることになるのです。

　なお、老齢給付金を受け取った場合、一時金として受け取ると退職所得となり、加入年数に応じて退職所得控除が適用となります。また、年金として受け取る場合は、雑所得となり、公的年金等控除が適用されます。

拠出時	掛金		所得控除の対象
運用時	運用収益		積立残高に応じて年1.173％の特別法人税（現在は課税停止中）
受取時	老齢給付金	一時金	退職所得：退職所得控除の適用
		年金	雑所得：公的年金等控除の適用
	障害給付金		非課税
	死亡一時金		相続税の対象（死亡退職金の非課税の適用）

3．加入対象者と掛金限度額

確定拠出年金の加入者には、第1号加入者と第2号加入者がいます。

第1号加入者は、自営業者等で、拠金は月額68,000円の範囲内で加入者が決めることとされています。第2号加入者は、60歳未満の厚生年金の被保険者たる会社員で、勤務先の確定拠出年金（企業型）、厚生年金基金、確定給付企業年金の対象になっていない方を指し、拠金は月額23,000円の範囲内とされています。

注 意 点

確定拠出年金は、前述した税制上の各種の優遇措置の他に、個人型と企業型の確定拠出年金相互間で積立金の移し換えができるなどの利点があります。また、自ら運用方法を決定できますので、運用次第では、受取額を大きく増やすなどの魅力もあります。

ただ、自ら運用を行うことになりますので、ある程度資産の運用に関する知識が必要となるでしょう。また、運用の結果次第では、受取額が支払った掛金の累計額を下回ることもあります。

なお、運用結果に大きく影響を与える要素としては、信用リスクや為替変動リスク、金利変動リスク、インフレリスクなどが考えられます。

受取額が定められている確定給付年金とは異なり、将来の受取額の予想が難しく、将来の資金計画が立てにくいという点に注意が必要でしょう。

また、積立金について給付事由が生じるまで、途中で引き出すことができない点にも注意が必要です。

> **関連法令**

確定拠出年金法第62条　個人型年金加入者

次に掲げる者は、厚生労働省令で定めるところにより、連合会に申し出て、個人型年金加入者となることができる。

一　国民年金法（昭和34年法律第141号）第7条第1項第1号に規定する第1号被保険者（同法第89条第1項（第2号に係る部分に限る。）、第90条第1項又は第90条の3第1項の規定により同法の保険料を納付することを要しないものとされている者及び同法第90条の2第1項から第3項までの規定によりその一部の額につき同法の保険料を納付することを要しないものとされている者を除く。）

二　60歳未満の厚生年金保険の被保険者（企業型年金加入者その他政令で定める者（第3項第9号において「企業年金等対象者」という。）を除く。）

2　個人型年金加入者は、前項の申出をした日に個人型年金加入者の資格を取得する。

3　個人型年金加入者は、次の各号のいずれかに該当するに至った日（第1号に該当するに至ったときは、その翌日とし、第6号に該当するに至ったときは、当該保険料を納付することを要しないものとされた月の初日とする。）に、個人型年金加入者の資格を喪失する。

一　死亡したとき。
二　60歳に達したとき。
三　国民年金の被保険者の資格を喪失したとき（第2号に掲げる場合を除く。）。
四　国民年金法第7条第1項第3号に規定する第3号被保険者となったとき。
五　第64条第2項の規定により個人型年金運用指図者となったとき。
六　国民年金法第89条第1項（第2号に係る部分に限る。）、第90条第1項若しくは第90条の3第1項の規定により同法の保険料を納付することを要しないものとされたとき、又は同法第90条の2第1項から第3項までの規定によりその一部の額につき同法の保険料を納付することを要しないものとされたとき。
七　農業者年金の被保険者となったとき。
八　法律によって組織された共済組合の組合員又は私立学校教職員共済法の規定による私立学校教職員共済制度の加入者となったとき。
九　企業年金等対象者となったとき。

4　個人型年金加入者の資格を取得した月にその資格を喪失した者は、その資格を取得した日にさかのぼって、個人型年金加入者でなかったものとみなす。

❶ 所得税

38 青色事業専従者給与の支給を検討

■ 概　　要

　専従者給与とは、端的にいえば、家族に支払う給料のことです。通常は経費にできない家族への給料も一定の要件を満たし手続きを行えば経費にすることができます。しかも青色申告の承認を受けている場合は、労務の対価として適正と認められる範囲内でかつ届出をした金額の上限までであれば、いくらでも給料として支払うことができるため、節税効果は大きなものとなります。

■ 具体的内容

〈青色事業専従者給与として認められる要件〉
① 青色事業専従者に支払われた給与であること
　青色事業専従者とは、次の要件のいずれにも該当する人をいいます
(イ) 青色申告者と生計を一にする配偶者その他の親族であること
(ロ) その年の12月31日現在で年齢が15歳以上であること
(ハ) その年を通じて6月を超える期間（一定の場合には事業に従事することができる期間の2分の1を超える期間）、その青色申告者の営む事業に専ら従事していること
② 「青色事業専従者給与に関する届出書」を納税地の所轄税務署長に提出していること
　提出期限は、青色事業専従者給与額を算入しようとする年の3月15日（その年の1月16日以後、新たに事業を開始した場合や新たに専従者がいることとなった場合には、その開始した日や専従者がいることとなった日から2ヶ月以内）までです。
　この届出書には、青色事業専従者の氏名、職務の内容、給与の金額、支給期などを記載することになっています。

③ 届出書に記載されている方法により支払われ、しかもその記載されている金額の範囲内で支払われたものであること

④ 青色事業専従者給与の額は、労務の対価として相当であると認められる金額であること

なお、過大とされる部分は必要経費とはなりません。

注 意 点

原則として事業専従者はその年を通じて6月を越える期間、納税者の経営する事業に専ら従事していることが要件となりますが、若干しか従事していない親族を節税目的で専従者として申告しているケースがよく見られます。あくまで給与として支払うため、家族であってもきちんとした勤務実態が必要です。

また、不動産貸付を事業的規模でおこなっていない場合は、青色申告の承認を受けていたとしても青色事業専従者給与は支給することができません。業務ではなく事業であることが必要で、不動産業の場合は、実質基準と建物のいわゆる5棟10室（駐車場の場合は5台で貸家1室）の形式基準があります。

参 考

〈白色申告者の事業専従者控除〉

事業専従者控除額は、次のイ又はロの金額のどちらか低い金額です。

イ 事業専従者が事業主の配偶者であれば86万円、配偶者でなければ専従者一人につき50万円

ロ この控除をする前の事業所得等の金額を専従者の数に1を足した数で割った金額

白色事業専従者控除を受けるための要件は、次のとおりです。

(1) 白色申告者の営む事業に事業専従者がいること

事業専従者とは、次の要件のすべてに該当する人をいいます。

イ 白色申告者と生計を一にする配偶者その他の親族であること

ロ その年の12月31日現在で年齢が15歳以上であること

ハ その年を通じて6月を超える期間、その白色申告者の営む事業に専ら従

事していること
(2) 確定申告書にこの控除を受ける旨やその金額など必要な事項を記載すること

具 体 例

青色事業専従者給与を利用した場合

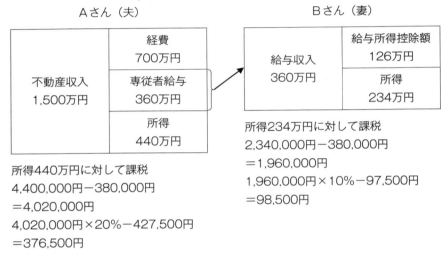

所得440万円に対して課税
4,400,000円－380,000円
＝4,020,000円
4,020,000円×20％－427,500円
＝376,500円

所得234万円に対して課税
2,340,000円－380,000円
＝1,960,000円
1,960,000円×10％－97,500円
＝98,500円

　　Aさんの税額＋Bさんの税額＝376,500円＋98,500円＝475,000円

青色事業専従者給与を利用しない場合

Aさん（夫）

不動産収入 1,500万円	経費 700万円
	所得 800万円

所得800万に対して課税

8,000,000円－(380,000円＋380,000円)＝7,240,000円

7,240,000円×23％－636,000円＝1,029,200円

青色事業専従者給与を支給した方が

1,029,200円－475,000円＝554,200円　所得税負担額が少なくなります。

❶所得税

39 減価償却方法の変更による節税効果
（定額法から定率法へ）

概　要

個人事業者が新しく減価償却資産を購入した場合において、償却方法の選定をしなかったときは法定償却方法である定額法で減価償却費を計算することになります。

定額法は毎事業年度において同額の償却費を計上する方法であり、定率法は毎事業年度において一定の償却率により計算していく方法です。

両方法で計算しても最終的には残存価額は一致しますが、定額法で計算する場合と、定率法で計算する場合とでは事業に与える影響が異なってきます。

定額法と定率法の特徴

	定額法	定率法
特徴	償却費の額が原則として毎年同額となる。	償却費の額は初めの年ほど多く、年とともに減少する。 ただし、定率法の償却率により計算した償却額が「償却保証額」に満たなくなった年分以後は、毎年同額となる。
計算方法	取得価額×定額法の償却率	未償却残高×定率法の償却率（以下「調整前償却額」という。） ただし、上記の金額が償却保証額に満たなくなった年分以後は次の算式による。改定取得価額×改定償却率

（注）1　資産を年の中途に取得又は取壊しをした場合には、上記の金額を12で

除しその年分において事業に使用していた月数を乗じて計算した金額になります。
2　償却保証額とは、資産の取得価額に当該資産の耐用年数に応じた保証率を乗じて計算した金額をいいます。
3　改定取得価額とは、調整前償却額が初めて償却保証額に満たないこととなる年の期首未償却残高をいいます。
4　改定償却率とは、改定取得価額に対しその償却費の額がその後同一となるように当該資産の耐用年数に応じた償却率をいいます。

なお、平成19年4月1日以後に取得する償却資産の償却費の計算において適用される償却率、改定償却率及び保証率は、耐用年数省令別表八、別表九及び別表十で定められています。

償却方法の変更

現在採用している償却方法を変更しようする場合には、その変更を理由とする年の3月15日までに、その旨及びを変更しようとする理由を記載した減価償却資産の償却方法の変更承認申請書を納税地の所轄税務署長に提出し、その承認を受ける必要があります。

ただし、平成10年4月1日以降に取得した建物の償却方法は、旧定額法及び定額法に限られます（旧定率法及び定率法は選択できません。）。

具体的内容

```
（例）建物付属設備
取得価額：10,000,000円
取得年月日：平成25年1月1日
耐用年数：15年
償却率：定額法0.067　改定定率法0.143　償却保証率0.04565
```

上記資産の平成25年から平成27年まで定額法で計算した場合と平成26年から定率法に変更した場合の減価償却費の比較

	3年間定額法を採用	2年目から定率法を採用
平成25年	定額法 10,000,000円×0.067 ＝670,000円	定額法 10,000,000円×0.067＝670,000円
平成26年	定額法 10,000,000円×0.067 ＝670,000円	定率法に変更 ① 調整前償却額 　（10,000,000円－670,000円）×0.143 　　　　　　　　　　　　＝1,334,190円 ② 償却保証額 　10,000,000円×0.04565＝456,500円 ③ ①≧②　∴1,334,190円
平成27年	定額法 10,000,000円×0.067 ＝670,000円	定率法 ① 調整前償却額 　（9,330,000円－1,334,190円）×0.143 　　　　　　　　　　　　＝1,143,400円 ② 償却保証額 　10,000,000円×0.04565＝456,500円 ③ ①≧②　∴1,143,400円
合計	670,000円×3年間 ＝2,100,000円	670,000円＋1,334,190円＋1,143,400円 ＝3,147,590円

　上記の表を見て分かるように、定額法は毎年一定額の費用負担ですが、定率法は当初の負担額が重く、後半は小さくなります。償却スピードが速いのがわかります。

　基本的には新しい資産はより収益を生むと考えられるので売上げが順調に伸びているならば、早めに費用化した方が利益を抑えることになり節税効果を発揮します。

　また、投資額の資金回収を早めるという一面もあります。それは将来に大きな費用を残さないという財務の健全性からも理に適っています。

定率法に変更した場合のメリット

1　価値の低下に伴い、早期に減価償却費を計上でき、投資額に対する資金回収を早められます。
2　資産は年数を経るごとに修繕費が大きくなってくるので、この修繕費と減価償却費の合計額が毎年平均化されます。
3　資産は新しいほど収益性が高く、収益を生むと考えられるので売り上げが順調に伸びている時期に多くの減価償却費を計上できると、納税額を少なくすることができます。

定率法に変更した場合のデメリット

1　毎期均等に減価償却費が計上されず将来の利益予測が立てづらくなります。
2　設備投資を借入金で行っているような場合において、投資初期で当該資産を簿価で売却するときは、資産の簿価よりも、借入金の方が多く残っていることが多いため借入金を自己資金で返済しなければならなくなります。

注 意 点

現在採用している償却方法を採用してから３年を経過しない場合や変更後の償却方法では所得計算が適正に行われ難いと認められる場合には、償却方法の変更が認めえられないことがあります。

❶所得税

40　確定申告で65万円の特別控除を適用するには

■ 概　　要 ■

　不動産所得は総収入金額から必要経費を差引いて計算します。その不動産所得から各種所得控除額をさらに差引いた課税所得金額に、所得税率を乗じて所得税を算出します。

　この時に一定の要件を満たすことで、不動産所得から青色申告特別控除65万円を控除することができます。

　65万円の控除ができればどのくらいの所得税等（所得税＋住民税10％、復興特別所得税は考慮せず。）が少なくなるのでしょうか。所得税は累進課税方式が採られています。一番低い税率の5％では「65万円×15％＝97,500円」が、課税所得が330万円超〜695万円以下の場合には「65万円×33％＝214,500円」が、それぞれ少なくなります。最高税率の40％の人では「65万円×50％＝325,000円」分の節税効果が出てきます。

　それでは、65万円の特別控除を受けるための要件をみていきましょう。

■ 具体的内容 ■

1．65万円の青色申告特別控除の適用を受けるための要件

(1)　青色承認申請書の提出

　　提出期限までに「青色申告承認申請書」を税務署長に提出して、承認を受けなければなりません。

《提出期限》

① 　原則……青色申告の承認を受けようとする年の3月15日

　　　（例）　平成28年から承認を受けようとする場合は「平成27年3月15日」が提出期限となります

② 　新規開業した場合（その年の1月16日以後に新規に業務を開始した場合）

……業務を開始した日から2ヶ月以内
③ 新規開業した場合（その年の1月15日までに新規に業務を開始した場合）
……その年の3月15日
④ 相続で事業を承継した場合
  ・死亡の日がその年の1月1日から8月31日までの場合……死亡の日から4ヶ月以内
  ・その年の9月1日から10月31日までの場合……その年の12月31日まで
  ・その年の11月1日から12月31日までの場合……翌年の2月15日まで

(2) **帳簿書類の備え付け義務**

不動産所得に係る取引を正規の簿記の原則に従った複式簿記の方法により記帳し、その帳簿書類を備え付けなければなりません。保存期間は7年間（一定のものは5年間）となります。

また、その記帳に基づいて作成した貸借対照表及び損益計算書を確定申告書に添付し、特別控除の適用を受ける金額を記載して、期限内に提出することが必要です。

(3) **不動産所得の区分に該当すること**

65万円の青色申告特別控除の適用を受けるためには、不動産所得又は事業所得を営んでいることが要件となります。そして不動産所得において65万円の特別控除を受けるためには、その不動産貸付けが「事業的規模」で行われていることが必要になります。

事業的規模かどうかの判定基準は以下の通りです。
① 実質基準……社会通念上事業と称するに至る程度の規模で行われているかどうか
② 形式基準……独立家屋5棟以上、又は、独立貸間10室以上
（原則的には①実質基準となっていますが、実務上は②形式基準で判定します。）
  ※ 事業的規模に該当しない場合の取扱いについて
    ・青色申告特別控除の65万円控除が使えない（10万円の青色申告特別控除は可能）

・専従者給与が必要経費とならない（下記２．参照）
・家賃が回収不能となった場合、家賃発生年度の確定申告書の金額を修正して、還付申告を行う（事業的規模の場合は、貸倒損失として回収不能となった年分の必要経費に算入されます）

２．青色事業専従者給与（その他の青色申告の特典）

　青色申告者と生計を一にしている配偶者やその他の親族のうち、年齢が15歳以上で、その青色申告者の事業に専ら従事している人に支払った給与は、事前に提出された届出書に記載された金額の範囲内で専従者の労務の対価として適正な金額であれば、必要経費に算入することができます。

■ 具 体 例 ■

１．前提条件

(1) 不動産収入　1,000万円
(2) 経費　合計　600万円

①	固定資産税	50万円
②	支払保険料	30万円
③	管理費	100万円
④	修繕費	45万円
⑤	減価償却費	70万円
⑥	雑費	65万円
⑦	専従者給与（配偶者）	240万円

(3) その他の所得　給与所得　500万円
(4) 所得控除合計額　195万円（うち配偶者控除38万円）

２．所得税等の計算（簡便的に住民税の課税所得も、所得税の課税所得と同額として計算しています）

(1) **不動産事業が事業的規模で行われ、青色申告特別控除の適用を受けることができる場合**

　　専従者給与の全額が必要経費となり、65万円の特別控除が適用できます。

① 不動産所得の計算

1,000万円－600万円－65万円（青色申告特別控除）＝335万円

② 総所得金額の計算

335万円（不動産所得）＋500万円（給与所得）＝835万円

③ 課税所得の計算

835万円－157万円（所得控除額195万円－38万円※）＝678万円

※ 事業専従者給与として給与の支払いを受ける人は、控除対象配偶者や扶養親族にはなれず、今回の場合、配偶者控除の適用を受けることはできません。

④ 税額の計算

678万円×30％－427,500円＝1,606,500円

⑤ 配偶者の所得税（収入が専従者給与のみとした場合）

・給与収入　240万円
・給与所得　240万円－90万円（給与所得控除）＝150万円
・課税所得　150万円－38万円（基礎控除のみ）＝112万円
・所得税額　112万円×15％＝168,000円

⑥ ④＋⑤の合計額＝1,774,500円

(2) **不動産事業が事業的規模で行われておらず、10万円の青色申告特別控除の適用を受ける場合**

専従者給与の全額が必要経費とならないが、10万円の特別控除が適用できます。

① 不動産所得の計算

1,000万円－600万円＋240万円（専従者給与）－10万円（青色申告特別控除）＝630万円

② 総所得金額の計算

630万円（不動産所得）＋500万円（給与所得）＝1,130万円

③ 課税所得の計算

1,130万円－195万円※＝935万円

※ このケースは配偶者が専従者給与として給与を受け取っていないため、配偶者控除の適用を受けることができます。

④ 税額の計算

935万円×43％－1,536,000円＝2,484,500円

⑤ 配偶者の所得税（収入が専従者給与のみとした場合）

・給与収入　0円

・所得税額　0円

⑥ ④＋⑤の合計額＝2,484,500円

(3) **不動産事業が事業的規模で、白色申告の場合**

専従者給与のうち86万円のみが必要経費となり、特別控除は適用できません。

① 不動産所得の計算

1,000万円－600万円＋240万円－86万円※（事業専従者給与分）＝554万円

※　事業専従者である配偶者が青色事業専従者に該当しない場合には、86万円を上限として事業専従者給与が認められます。

② 総所得金額の計算

554万円（不動産所得）＋500万円（給与所得）＝1,054万円

③ 課税所得の計算

1,054万円－157万円（所得控除額195万円－38万円※）＝897万円

※　事業専従者給与として給与の支払いを受ける人は、控除対象配偶者や扶養親族にはなれず、今回の場合、配偶者控除の適用を受けることはできません。

④ 税額の計算

897万円×33％－636,000円＝2,324,100円

⑤ 配偶者の所得税（収入が専従者給与のみとした場合）

・給与収入　86万円

・給与所得　86万円－65万円（給与所得控除）＝21万円

・課税所得　21万円－38万円（基礎控除のみ）＜0円　∴0万円

・所得税額　0円

⑥ ④＋⑤の合計額＝2,324,100円

(4) 結果比較

(1) 1,774,500円 —[+549,600円]→ (3) 2,324,100円 —[+160,400円]→ (2) 2,484,500円

　同じ収入金額、経費でも、不動産事業の規模や各種控除の適用可否によって上記のような差額が生じてきます。

■ 注 意 点 ■

1．不動産所得者特有の税務

① 土地に係る借入利子については、その利子を引く前の所得金額を限度として必要経費に算入されます。

② 賃貸借契約書の中で「退居時、敷金の20％は返還しない」とある場合、その返還しない金額は退居時ではなく、契約時の年分の収入として計上されます。

③ 契約書で「用途：居住用」とあるにもかかわらず、貸主の承諾を得ないで借主が事務所として使用していた場合
⇒消費税がかからない「非課税売上」となります

　　主に店舗や事務所の貸付けを行う個人事業者が消費税の課税事業者である場合、その賃料収入が消費税を納めるべき課税売上に該当するかどうかは、賃貸の実態ではなく【契約書に記載のある用途】で判定します（消費税の納税義務者となるかどうかの、基準期間の課税売上高判定でも同様の金額で判定します）。

2．所得区分の取扱い

① 不動産所得者が所有する業務用の車を売却した場合の譲渡益は、不動産所得ではなく、総合譲渡所得となります。
⇒総合所得の場合、所有期間によって計算方法が変わります。（所有期間が5年超の場合は、総合所得の計算上1／2を乗ずることができます）

② 不動産所得者が所有する不動産を売却した際に要した費用は、不動産所得の経費ではなく、譲渡経費となります。（例えば、売却する為に支払った立退き料）
③ 単純な部屋貸しの場合は不動産所得となるが、下宿などのような賄いつきの場合は事業所得となります。

所得税

> **関連法令**
>
> 租税特別措置法第25条の2第3項　青色申告特別控除
>
> 　青色申告書を提出することにつき税務署長の承認を受けている個人で不動産所得又は事業所得を生ずべき事業を営むもの（所得税法第67条の規定の適用を受ける者を除く。）が、同法第148条第1項の規定により、当該事業につき帳簿書類を備え付けてこれにその承認を受けている年分の不動産所得の金額又は事業所得の金額に係る取引を記録している場合（これらの所得の金額に係る一切の取引の内容を詳細に記録している場合として財務省令で定める場合に限る。）には、その年分の不動産所得の金額又は事業所得の金額は、同法第26条第2項又は第27条第2項の規定により計算した不動産所得の金額又は事業所得の金額から次に掲げる金額のうちいずれか低い金額を控除した金額とする。
> 一　65万円
> 二　所得税法第26条第2項又は第27条第2項の規定により計算した不動産所得の金額又は事業所得の金額の合計額

❷消費税

41 簡易課税制度を適用できないかの検討

概　要

　事業者が納める消費税の納付税額は、原則として、売上の際に「預かった消費税」から、仕入れ等の際に「支払った消費税」の「差額」を納税します。事業者が消費税を預かる事によって、法人の収益が増えるわけではありません。消費税は、消費者が商品の購入やサービスを受けたときなどに負担する税金で、納税者は商品の販売やサービスを提供した事業者自身となります。従って、消費税の納税義務者となった事業者は、税務署への申告、納付を行うために消費税の計算が必要になります。

　消費税の計算は複雑なため、小規模事業者の事務負担を軽減するという目的で、「預かった消費税」だけに着目して納付税額を計算する「簡易課税制度」という制度があり、この制度をうまく活用する事により、納付税額を効果的に抑える事ができる場合があります。

具体的内容

1．原則（実額）による計算

　通常、消費税の計算は、課税売上にかかる消費税（消費税6.3％＋地方消費税1.7％＝計8％）から、課税仕入にかかる消費税を差し引いて計算します。

$$消費税の納付税額 = 課税売上高（税抜き） \times 8\% - \underbrace{課税仕入高（税込み） \times \frac{8}{108}}_{※1}$$

　※1　その課税期間中の課税売上割合によって計算方法が異なります。

$$課税売上割合 = \frac{課税売上 + 免税売上}{課税売上 + 免税売上 + 非課税売上}$$

課税売上割合	課税仕入にかかる消費税の計算方法
95％以上	課税期間中の課税売上高が5億円超 　　→　個別対応方式又は一括比例配分方式
	課税期間中の課税売上高が5億円以下　→　全額控除
95％未満	個別対応方式又は一括比例配分方式

2．簡易課税制度による計算

　基準期間（原則として、法人の場合には前々事業年度、個人事業者の場合には2年前）の課税売上高が5,000万円以下で、簡易課税制度の適用を受ける旨の届出書を提出している事業者は、原則による計算に替えて、課税売上にかかる消費税に業種別に定められた一定割合（みなし仕入率）を乗じて計算することができます。

$$消費税の納付税額 = 課税売上高（税抜き）\times 8\% - 課税売上高（税抜き）\times 8\% \times みなし仕入率^{※2}$$

　　※2　みなし仕入率は、売上を5つの事業に区分し、原則として、それぞれの区分ごとにみなし仕入率を適用します。平成27年4月1日以後に開始する課税期間から、これまでの第四種事業のうち、金融業及び保険業を第五種事業とし、そのみなし仕入率を50％（前60％）とするとともに、これまでの第五種事業のうち、不動産業を第六種事業とし、そのみなし仕入率を40％（現行50％）とします。

事業の種類		みなし仕入率【改正前】	みなし仕入率【改正後】
卸売業	購入した商品を性質、形状を変更しないで、他の事業者に販売する事業をいいます。	90%（第一種）	90%（第一種）
小売業	購入した商品を性質、形状を変更しないで、消費者に販売する事業をいいます。なお、製造小売業は第三種事業になります。	80%（第二種）	80%（第二種）
製造業等	農業、林業、漁業、鉱業、採石業、砂利採取業、建設業、製造業、製造小売業、電気業、ガス業、熱供給業、水道業をいいます。なお、加工賃等の料金を受け取って役務を提供する事業は第四種事業になります。	70%（第三種）	70%（第三種）
その他事業	飲食業、その他の事業	60%（第四種）	60%（第四種）
	金融業及び保険業		50%（第五種）
サービス業等	運輸通信業、サービス業（飲食店業をのぞく）	50%（第五種）	50%（第五種）
	不動産業		40%（第六種）

（国税庁「消費税法令の改正等のお知らせ」より）

　不動産賃貸業の場合、通常の経費の中で課税仕入となるものはそれほど多くありませんので、臨時の課税仕入（建物の建築、購入、修繕等の多額の支出）がない限り、一律50％（改正後40％）控除できる簡易課税制度のほうが原則で計算した場合よりも有利となるケースが多くなります。

具 体 例

【ケース1】 不動産賃貸業のみを営む場合

（税抜）

	収入	経費（課税仕入）
マンション賃貸	1,200万円	180万円
事務所賃貸	1,800万円	270万円
合計	3,000万円	450万円

①原則による計算
　1,800万円×8％－270万円×8％＝122万円
②簡易課税制度
　1,800万円×8％－57万円[※3]＝87万円
　※3　1,800万円×8％×40％（改正後）≒57万円
③①と②の比較
　122万円＞87万円　∴②のほうが有利

【ケース2】 不動産賃貸業と小売業を営む場合

（税抜）

	収入	経費（課税仕入）
不動産賃貸業		
マンション賃貸	1,200万円	180万円
事務所賃貸	1,800万円	270万円
小売業	1,500万円	750万円
合計	4,500万円	1,200万円

①原則による計算
　（1,800万円＋1,500万円）×8％－（270万円＋750万円）×8％≒182万円
②簡易課税制度
　（1,800万円＋1,500万円）×8％－153万円[※4]＝111万円
　※4　1,800万円×8％×40％（改正後）＋1,500万円×8％×80％≒153万円
③①と②の納税額の比較
　182万円＞111万円　∴②のほうが有利

注 意 点

　この制度の適用を受けるためには、納税地の所轄税務署長に原則として適用を受けようとする課税期間の開始の日の前日までに「消費税簡易課税制度選択届出書」を提出することが必要です。また、この選択届出書を提出した事業者は、原則として、2年間は原則による計算に変更することはできませんし、とりやめる場合には、やめようとする課税期間の開始の日の前日までに「簡易課税制度選択不適用届出書」を提出する必要があります。さらに、原則による計算となるため、とりやめる課税期間の初日から課税仕入れ関係の帳簿及び請求書などを保存することが必要です。

　なお、平成22年4月1日以後に開始する課税期間から、一定の場合には選択届出書を提出できないケース[5]があります。また、選択届出書を提出している場合であっても、基準期間の課税売上高が5,000万円を超える場合には、その課税期間について簡易課税制度は適用できません（原則による計算となります。）。

　「預かった消費税」より「支払った消費税」のほうが多い場合、税額の還付を受けることができますが、簡易課税制度の適用を受けると還付を受けることができません。多額の設備投資などを予定している場合には、事前に不適用届出書を提出し、原則による計算に切り替えておく必要があります。そのため、適用・不適用のタイミングを十分に検討する必要があります。

　※5　次の場合には、調整対象固定資産の課税仕入れを行った日の属する課税期間の初日から原則として3年間は、免税事業者となることはできません。また、簡易課税制度を適用することもできませんので、原則による計算を行うことになります。

　① 　平成22年4月1日以後に次に該当する。
　　イ．課税事業者選択届出書を提出し、課税事業者となる場合
　　ロ．資本金1,000万円以上の法人を設立した場合
　② 　次の各課税期間中に調整対象固定資産を取得している。
　　イ．課税事業者となった課税期間の初日から2年を経過する日までの間に開始した各課税期間中

ロ．新設法人の基準期間がない事業年度に含まれる各課税期間中
③ 調整対象固定資産※6を取得した日の属する課税期間の消費税を原則により計算している。

> ※6 調整対象固定資産とは、100万円（税抜き）以上の次の固定資産をいいます。建物及びその附属設備、構築物、機械及び装置、船舶、航空機、車両及び運搬具、工具、器具及び備品、鉱業権等の無形固定資産その他の資産で、棚卸資産以外のものが該当します。

❷消費税

42 簡易課税制度で水道光熱費が実費精算である場合の申告内容の再確認

概　要

　賃貸物件を借主に賃貸した場合の、その物件にかかる水道光熱費については、次の2つの取り扱いがあります。借主が電力会社などと個別に契約し支払う場合と、貸主が電力会社などと契約し、後で貸主と借主の間で精算する場合です。後者の場合にはさらに2通りの取り扱いがあります。ひとつは毎月一定の額を家賃や共益費に含めて、あるいは光熱費という名目で領収する方法（定額領収の場合）、もうひとつは、実費で精算する方法（実費精算の場合）です。

　簡易課税の場合、納税しなければならない消費税は、

　（課税期間の課税売上高×8％）－（課税期間の課税売上高×8％×みなし仕入率）

で計算します。不動産業は第五種（平成27年4月1日以降は第六種）事業に当てはまりますので、みなし仕入率は50％（平成27年4月1日以降は40％）になります。

　上記で取り上げた借主の負担すべき水道光熱費ですが、取り扱いによって課税売上高に含まれるかどうかが異なります。具体的にどのように取り扱われるかを見ていきましょう。

具体的内容

　定額領収の場合、その全額が課税売上高に当てはまります（居住用は非課税）。
　一方、実費精算の場合は貸主が借主の支払うべき水道光熱費を一旦預かって電力会社等に支払っているのですから、売り上げには当たりません。つまり、課税売上高にはならないのです。
　消費税法基本通達10－1－14に、「建物等の資産の貸付けに際し賃貸人がそ

の賃借人から収受する電気、ガス、水道料等の実費に相当するいわゆる共益費は、建物等の資産の貸付けに係る対価に含まれる。」とありますが、これは、毎月一定額で領収する場合のことで、実費精算の場合は、借主が直接電力会社等に支払うべき光熱費を、貸主を通して支払っているに過ぎないのですから、貸主の売上高には含まれないのです。

具 体 例

家賃が10万円、光熱費が1万円の場合を考えてみましょう。

定額受領の場合、家賃と光熱費を合わせて11万円を毎月領収します。この場合の売上高は11万円となります。よって、消費税率を8％で計算すると、

（110,000円×8％）－（110,000円×8％×50％）＝4,400円
を納税しなければなりません。

一方、実費精算の場合は、家賃収入が10万円で、光熱費として預かった1万円はそのまま電力会社等に支払われますので売り上げにはならず、課税売上高は10万円です。この場合の消費税の納税額は、

（100,000円×8％）－（100,000円×8％×50％）＝4,000円　となります。

定額受領の場合は実費精算の場合に比べて消費税の納税額が大きくなってしまいます。つまり、借主の負担に属する水道光熱費は実費精算したほうが有利ということになります。

注 意 点

定額受領の場合の特徴は、毎月定額を受領するため、実際に借主が消費した電力等の高にかかわらず収入が一定であるため、管理が容易で、借主が想定の範囲内で電力等を使用してくれれば益がでます。一方、借主が予想以上に電力等を使用した場合は、損となることもありうるので注意が必要です。

また、実費精算の場合をとるには、水道光熱費の費用がメーター等により検針されていて物件ごとに明らかであり、かつその金額を貸主が預り金として処理している場合に限られますので、経理処理に注意が必要です。

❷消費税

43 事業用建物を建築する場合の消費税還付の検討

■概　要■

　過去に、賃貸マンションやアパートの敷地内に自動販売機を設置するなどをして、マンションやアパートの取得にかかった消費税を取り戻すスキームが取られていました。会計検査院の調べによると、このような方法により平成20年度分では約8億円超にのぼる消費税が還付されているとのことで、会計検査院はこれを不適切な還付として財務省（国税庁）に改善を求め、平成22年税制改正でこれに対抗する措置がとられました。

■具体的内容■

　マンションやアパートの取得をした課税期間を含む3年間（調整対象期間）は課税売上が1,000万円以下であっても課税事業者をやめることができず、また同期間において簡易課税事業者になることもできないというものです。これにより、今まで簡易課税事業者や免税事業者になることで、還付を受けた非課税売上である家賃収入に対応する部分の消費税額について調整のなかった事業者も、還付を受けた消費税について調整を受ける必要がでてきます。つまり、マンション等の取得後において家賃収入が発生し、課税売上割合がマンションやアパートの取得時よりも著しく減少した場合、還付を受けた消費税額のうち調整の対象となった金額を国に納めなければなりません。

〈調整対象固定資産に係る仕入控除税額の調整（著しく減少した場合とは）〉

　固定資産等のように長期間にわたって使用されるものについて、その課税仕入れを行った課税期間における課税売上割合や使用形態のみで税額控除を完結させることは、その後の課税期間において課税売上割合が著しく変動した場合や使用形態を変更した場合などを考慮すると必ずしも適切な方法とはいえませ

んので、固定資産等のうち一定金額以上のもの（調整対象固定資産）については、一定の方法により仕入控除税額を調整することとされています。
　調整が必要な場合は次のとおりです。

著しく減少した場合の判定（仕入控除税額に加算する場合）

$$\frac{通算課税売上割合 - 仕入れ等の課税時期における課税売上割合}{仕入れ等の課税時期における課税売上割合} \geqq \frac{50}{100}$$

であり、かつ、

$$通算課税売上割合 - 仕入れ等の課税時期における課税売上割合 \geqq \frac{5}{100}$$

〈調整対象固定資産の範囲〉

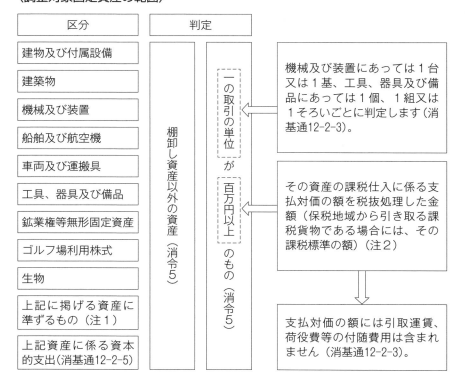

(注)1　上記に掲げる資産に準ずるものには、例えば、次に掲げるものが含まれます（消基通12－2－1）。
　　(1)　回路配置利用権
　　(2)　預託金方式のゴルフ会員権
　　(3)　課税資産を賃借するために支出する権利金等
　　(4)　著作権等
　　(5)　他の者からのソフトウエアの購入費用又は他の者に委託してソフトウエアを開発した場合におけるその開発費用
　　(6)　書画・骨とう
　2　他の者と共同で購入した資産が調整対象固定資産に該当するかどうかの判定は、その事業者の共有権に係る持分割合に応じて判定することになります（消基通12－2－4）。

注意点

　上記のとおり、建物等100万円以上の固定資産を購入することで消費税の還付を受けられたとしても、その後著しく課税割合が減少した場合は、還付の対象となった消費税を国へ戻す必要があります。（但し、100万円未満の資産や、翌期以降課税売上割合が著しく減少しないものであれば、これまでどおり還付は受けられることになります。）

　期首の資本金の額が1,000万円未満の場合には、期限までに「課税事業者選択届出書」を提出する必要があります。

　期首の資本金の額が1,000万円以上の場合には、設立事業年度とその翌事業年度は課税事業者になりますので、「課税事業者選択届出書」の提出は必要ありません。

　課税事業者を選択し、その強制適用期間中に調整対象固定資産を取得した場合には、第3年度の課税期間まで原則課税が強制適用になります。

　資本金の額が1,000万円以上の新設法人又は特定新規設立法人が、基準期間がない設立事業年度又はその翌事業年度中に調整対象固定資産を取得した場合には、第3年度の課税期間まで原則課税が強制適用となります。

　また、これまでずっと継続して課税売上高1,000万円以上で簡易課税を選択していた場合、還付を受ける年のみ原則課税を適用し、またその翌期に簡易課

税に戻るように事前に届出を出しておく事で、建物等100万円以上の固定資産にかかる消費税は調整の対象にもならず、還付を受けることが可能です。

❸ 不動産取得税

44　賃貸物件を建築する場合、1,200万円控除が適用できる床面積となっているか検討

概　要

　不動産取得税とは不動産（土地及び家屋）を取得したときに、登記の有無にかかわらず取得した者に対して、都道府県が課す税金です。不動産取得税の納税先は「その不動産の所在する都道府県」です。東京に住んでいても沖縄の物件を購入すれば不動産取得税は沖縄県に納付することになります。

　住宅については、一定の要件を満たした場合につき優遇措置が認められています。

　特に新築物件の建物についての軽減措置は、すべてのアパートやマンションが適用を受けられるわけではなく、床面積について制限があるため、軽減措置が受けられるかどうかにより建築時のキャッシュフローに大きく影響をおよぼします。

具体的内容

・税額の計算方法

　　不動産の価格（課税標準）×税率＝税額

・不動産の価格

　　不動産の購入価格や建築工事費ではなく、原則として、不動産を取得した時の市区町村の固定資産台帳に登録されている価格（固定資産税評価額）となります。

〈税率〉

区分		税率
土地		3％（平成15年4月1日～平成27年3月31日の取得）
家屋	住宅	3％（平成15年4月1日～平成27年3月31日の取得）
	住宅以外	3％（平成15年4月1日～平成18年3月31日の取得） 3.5％（平成18年4月1日～平成20年3月31日の取得） 4％（平成20年4月1日～の取得）

〈免税点〉

取得した不動産の価格が、次のような価格の場合は課税されません。

土地		10万円未満の場合
家屋	新築・増改築	1戸につき23万円未満の場合
	売買、交換、贈与など	1戸につき12万円未満の場合

〈新築住宅の場合の軽減措置〉

住宅 （増築改築）	一戸の床面積が50㎡以上240㎡以下であること 増築戸建以外の賃貸住宅は40㎡以上240㎡以下 （注）増築の場合は増築後の全体床面積等で判断します。	〔最高額〕 1,200万円 （認定長期優良住宅を平成21年6月4日から平成26年3月31日に新築した場合は、1,300万円）

　※　共同住宅の場合は、居住の用に供するために独立的に区画された一の部分ごとに1,200万円の控除が受けられます。

・中古住宅の場合の軽減措置

　中古住宅の場合は取得者自らが居住するものが要件となるため、賃貸物件については、軽減措置の対象となりません。

・区分所有される共同住宅等以外の住宅の床面積の取扱い

　区分所有される共同住宅等以外の住宅の床面積は、居住の用に供する専有部分の床面積とし、当該専有部分の属する建物に共用部分があるときは、こ

れを共用すべき各区分所有者の専有部分の床面積の割合により当該共用部分の床面積をあん分して得た面積を当該専有部分の床面積に算入します（地令37の16一かっこ書）
・共同住宅等に共同の用に供される部分がある場合の床面積の取り扱い

　共同住宅等に共同の用に供される部分（当該住宅が区分所有される住宅である場合には、当該住宅に係る共用部分を含みます。があるときには、これを共用すべき独立的に区画された各部分の床面積の割合により当該共同の用に供される部分の床面積を配分して、それぞれの各部分の床面積に算入します（地令37の16二かっこ書）

具 体 例

・建築費は1億円
・固定資産税評価額は建築費の60％とする。（構造・用途によって異なります。）
　① 軽減を受けられなかった場合の不動産取得税
　　1室が20㎡程度の単身者向けアパートを建築、部屋数は15戸
　　1億円×0.6×3％＝180万円
　　→不動産取得税は180万円
　② 軽減が受けられた場合の不動産取得税
　　1室が50㎡程度のファミリー向けアパートを建築、部屋数は6戸
　　（1億円×0.6－1,200万円×6戸）×3％＝0円
　　→不動産取得税は0円

注 意 点

　不動産取得税の納税通知書の交付は当該不動産につき不動産登記がなされている場合は、通常、各自治体から納税通知書が送られてきます。ただし、その交付時期は登記後しばらくたってから行われることが多い上に、交付日以後最短で10日以内（自治体により異なります。）に納税しなければならない場合もあるので注意が必要です。
　軽減措置が正しく行われているかどうかについては、申告制度により税額を

軽減することが原則となっているので、事前に各県税事務所等で確認されることをお進めいたします。申告期限は各自治体の条例で定められることになっています。東京都の場合は、軽減のための申告期限は取得の日から原則として60日以内となっています。

❹ 固定資産税

45　固定資産税の住宅用地の特例措置の通用の検討

■ 概　　要 ■

　土地における固定資産税及び都市計画税は、その土地の賦課期日（毎年1月1日）における評価額（課税標準額）に税率を乗じて計算されます。

　土地のうち、住宅やアパート等の敷地として利用されている住宅用地については、税負担を軽減させるため、住宅用地の課税標準額を減額する特例が設けられています。

　特例を適用した後の課税標準額は、下表のとおり算出します。

区分		固定資産税	都市計画税
①	住宅用地で住宅1戸につき200㎡までの部分（小規模住宅用地）	評価額 × $\frac{1}{6}$	評価額 × $\frac{1}{3}$
②	①以外の住宅用地	評価額 × $\frac{1}{3}$	評価額 × $\frac{2}{3}$

　この特例は、居住用の敷地について摘要できるため、不動産オーナーの方の持つアパート等についても摘要することが出来ます。さらに、200㎡は、住戸一戸あたりとなりますので、賃貸住宅の場合は、住戸の戸数分の面積について、住宅用地として摘要が認められます。

■ 具体的内容 ■

1．住宅用地とは

　住宅用地とは、賦課期日（1月1日）現在、次のいずれかに該当する土地をいいます。

（1）　専用住宅[※1]の敷地として利用されている土地で、その専用住宅の総

床面積の10倍までの土地

※1　人の居住用にのみ利用されている家屋

（2）併用住宅※2の敷地として利用されている土地のうち、その面積※3に下表の率を乗じて算出された面積に相当する土地

※2　一部が人の居住用として利用されている家屋で、その家屋の床面積に対して居住部分の割合が4分の1以上あるもの

※3　併用住宅の床面積の10倍を限度

	家屋の種類	居住部分の割合(※4)	率
①	地上階数5以上を有する耐火建築物である家屋	$\frac{1}{4}$以上 $\frac{1}{2}$未満	0.5
		$\frac{1}{2}$以上 $\frac{3}{4}$未満	0.75
		$\frac{3}{4}$以上	1.0
②	①以外の家屋	$\frac{1}{4}$以上 $\frac{1}{2}$未満	0.5
		$\frac{1}{2}$以上	1.0

※4　居住部分の割合＝居住部分の床面積／家屋の総床面積

※5　住宅用地には、住宅用家屋の敷地と一体となっている庭・自家用駐車場を含む。

2．土地や家屋の状況に変更があった場合

特例を正しく適用するため、土地や家屋の状況に変更があった場合で、以下に該当する場合は「固定資産税の住宅用地等申告書」を、その土地が所在する市町村（東京23区内にあっては都税事務所）に提出することとなっています。

（1）　住宅を新築又は増築した場合

（2）　住宅を建て替える場合

（3）　住宅の全部又は一部を取り壊した場合

（4）　家屋の全部又は一部の用途を変更した場合

（5）　土地の用途（利用状況）を変更した場合

■ 具 体 例

併用住宅の敷地として利用されている土地の例

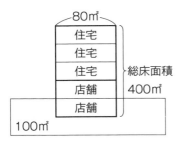

5階建てマンション(耐火建築物)
1～2階：店舗　3～5階：住宅(各階1戸)
面積：土地(100㎡)　建物(各階80㎡　総床面積400㎡)
固定資産税評価額(土地)：6,000万円

住宅用地の判定

居住部分の割合：居住部分の床面積／家屋の総床面積

$$80㎡×3／400㎡=60\%\quad(\frac{1}{2}\text{ 以上 }\frac{3}{4}\text{ 未満})\quad\therefore\ 0.75$$

住宅用地：100㎡×0.75=75㎡

<u>住宅用地　75㎡</u>

住宅用地の特例の適用

①小規模住宅用地に該当するかの判定
　75㎡÷3戸=25㎡<200㎡　∴小規模住宅用地に該当

②住宅用地の特例適用後の課税標準額
　固定資産税　6,000万円×75㎡／100㎡×1/6=750万円
　　　　　　　6,000万円×(100㎡−75㎡)/100㎡=1,500万円
　　　　　　　750万円+500万円=1,250万円
　都市計画税　6,000万円×75㎡／100㎡×1/3=1,500万円
　　　　　　　6,000万円×(100㎡−75㎡)/100㎡=1,500万円
　　　　　　　1,500万円+1,500万円=3,000万円

③固定資産税及び都市計画税の税額
(固定資産税及び都市計画税の税率を1.4%とした場合)
固定資産税　1,250万円×1.4%=17.5万円
都市計画税　3,000万円×0.3%=9万円

■ 注 意 点

1. 新しく土地を取得しその上に住宅を新築する場合で、賦課期日において住宅が建築途中となっており完成していない場合は、住宅用地には該当しません。
2. 既存住宅を取り壊して住宅を新築する場合においては、賦課期日において住宅が完成していない場合であっても、一定の要件を満たすことで、継続して特例の適用を受けることができます。
3. 震災等により住宅が滅失又は損壊し、住宅用地として使用することができないと認められる場合には、被災した年度の翌年度及び翌々年度につき、特例の適用がある場合があります。

『地主・賃貸経営者のための相続対策チェックポイント45』
編集責任者　TOMAコンサルタンツグループ株式会社
　　　　　　代表取締役　理事長　藤間　秋男
　　　　　　〒100-0005
　　　　　　東京都千代田区丸の内1-8-3
　　　　　　丸の内トラストタワー本館3階
　　　　　　TEL03-6266-2555　FAX03-6266-2556
　　　　　　E-mail　toma@toma.co.jp
　　　　　　ホームページアドレス　http://www.toma.co.jp
執筆者　　TOMAコンサルタンツグループ株式会社
　　　　　佐藤　徹　　遠藤　範子　　新垣　敦子　　前川　敏之
　　　　　大谷　亜紀　植田　旭　　　花田　大助　　中村　美亜
　　　　　野田美沙子　杉井　俊文　　斎藤　貴紘　　浅原　清乃
　　　　　田尻　雅嵩

本書の内容に関するご質問は、なるべくファクシミリ等、文書で編集部宛にお願いいたします。(fax 03-3233-0502)
なお、個別のご相談は受け付けておりません。

本書刊行後に追加・修正事項がある場合は、随時、当社のホームページ（http://www.zeiken.co.jp「書籍」をクリック）にてお知らせいたします。
　→　税務研究会　書籍訂正　と検索してください。

地主・賃貸経営者のための相続対策チェックポイント45

平成27年4月24日　初版第一刷印刷　　　　　（著者承認検印省略）
平成27年5月11日　初版第一刷発行

　　　ⓒ　編著者　　TOMAコンサルタンツグループ
　　　　　発行所　　税 務 研 究 会 出 版 局
　　　　　　　　　週　刊「税 務 通 信」発　行　所
　　　　　　　　　　　　「経 営 財 務」
　　　　　代表者　　藤　原　紘　一

郵便番号101-0065
東京都千代田区西神田1-1-3（税研ビル）
振替00160-3-76223
電話〔書 籍 編 集〕03(3294)4831〜2
　　〔書 店 専 用〕03(3294)4803
　　〔書 籍 注 文〕03(3294)4741
　　〈お客さまサービスセンター〉

各事業所　電話番号一覧

北海道 011(221)8348　　神奈川 045(263)2822　　中　国 082(243)3720
東　北 022(222)3858　　中　部 052(261)0381　　九　州 092(721)0644
関　信 048(647)5544　　関　西 06(6943)2251　　研　修 03(5298)5491
　　　　　　　　　　　　　　　　　　　　　　　　センター

〈税研ホームページ〉　http://www.zeiken.co.jp

乱丁・落丁の場合は，お取替え致します。　　印刷・製本　東日本印刷株式会社
ISBN 978-4-7931-2101-2

資産税関係

《2014年12月10日現在》

〈2014年12月刊〉

相続税・贈与税
土地評価実務テキスト

鎌倉 靖二 著
A5判・308頁
定価 2,484円

本書は、多数の相談を受けてきた不動産鑑定士が豊富な実務経験に基づき、「適正な評価」をするための基礎知識から調査の仕方、評価の考え方までを、写真や図表を織り込みながら詳しく解説しています。実務上誤りの多い減価要因については、項目毎に特にページを割いて取り上げています。

〈2014年11月刊〉

税理士のための
「相続税の小口案件」対応マニュアル

武田 秀和 著
A5判・212頁
定価 1,944円

本書は、相続直前のアドバイスから相続開始直後の対応と、それに続く相続税申告書作成のポイントを解説しています。具体的には、相続・相続税の基本から始まり、申告書作成にあたって知っておいた方が良いと考えられる事項や相続税・贈与税の改正のポイントをわかりやすく説明しています。

〈2014年10月刊〉

民法と相続税法からみる
遺産分割協議と遺贈の相続税実務Q&A

武田 秀和 著
A5判・260頁
定価 2,160円

本書は、相続税を扱う上で必ず対応しなければいけない相続人の確定、遺産分割協議、遺贈などの重要な事項について、民法・相続税法によりQ＆A形式でわかりやすく解説しています。事例は比較的多い事例、質問の多い事例を取り上げ、理解しやすいよう相続人の構成図等も取り入れています。

〈2014年5月刊〉

五十嵐 徹夫 監修／服部 誠・小泉 秀子 共著
A5判・268頁

贈与税の実務とその活用ポイント

定価 2,160円

贈与税の基本について事例等を交えわかりやすく解説すると共に、様々な贈与による財産分与策や事業承継策を全39問のQ＆Aで紹介しています。例えば、保険金や不動産の贈与を行う方法や贈与税を支払ってでも財産を承継した方がトータルの税額を抑えられる方法などについて解説しています。

税務研究会出版局
定価は8％の消費税込みの表示となっております。

注文・お問合せは、下記まで
TEL 03-3294-4741　FAX 03-3233-0197
http://www.zeiken.co.jp